Georg Herzfeld

Die Rätsel des Exeterbuches und ihr Verfasser

Georg Herzfeld

Die Rätsel des Exeterbuches und ihr Verfasser

ISBN/EAN: 9783744602082

Hergestellt in Europa, USA, Kanada, Australien, Japan

Cover: Foto ©Thomas Meinert / pixelio.de

Weitere Bücher finden Sie auf **www.hansebooks.com**

Die Räthsel des Exeterbuches

und ihr Verfasser.

Von

Georg Herzfeld.

Berlin.

Mayer & Müller.

1890.

I.

Nachdem Leo im Jahre 1857 in seinem Programm über Cynewulf das erste und letzte Räthsel in der Sammlung des Exeterbuches auf diesen Dichter gedeutet hatte und Dietrich, der ihm in seiner Besprechung der Abhandlung (Jahrb. für rom. u. engl. Lit. I, 241 ff.) beistimmte, in einem umfänglichen Aufsatze im 11. und 12. Bande von Haupt's Zeitschrift die ganze Räthselreihe Cynewulf zugesprochen hatte, wurden gegen diese Feststellung zunächst gar keine Bedenken geäussert. Dies gilt von Grein und Rieger wie auch von ten Brink und Ebert, und ebenso liess Prehn, der sich zuletzt mit dem Gegenstande eingehend beschäftigt hatte, 'gestützt auf eine wohl nicht unberechtigte Tradition und Dietrich's scharfsinnige Untersuchung Cynewulf stillschweigend als Verfasser der in dem Exeterbuch befindlichen Räthsel gelten.' [1] Gegen diese allgemein herrschende Ansicht trat Trautmann auf in zwei Aufsätzen im 6. und 7. Bande der Anglia, indem er als Lösung des 1. und 89. Räthsels nicht den Namen und Stand des Dichters, sondern 'das Räthsel selbst' bezeichnete und gleichzeitig die Autorschaft Cynewulf's anzweifelte. Seine Ausführungen fanden an verschiedenen Stellen Zustimmung; vgl. u. A. Ramhorst, Das ae. Gedicht vom h. Andreas und der Dichter C. (Berlin 1885), S. 2. 23. Körting, Grundriss der Gesch. der engl. Lit., S. 49. Neuerdings aber hat Nuck (Angl. 10,390) die Unhaltbarkeit von Trautmann's Behauptungen gezeigt, und Hicketier hat (ibid. S. 564 ss.) die

---

[1] Composition und Quellen der Räthsel des Exeterbuchs (Paderborn 1883), S. 13.

ursprüngliche Lösung von Leo wieder als richtig verfochten.
Vgl. auch Wülker in den Berichten der k. sächs. Ges. der
Wiss., philos. hist. Klasse, 1888. S. 211. Ob freilich die
ganze Räthselsammlung von Cynewulf herrührt, bleibt hiernach
immer noch unentschieden, und es wäre zu untersuchen, ob
aus dem Denkmal selber Gründe sich gewinnen lassen, die
für diese Ansicht sprechen.

Unserer Untersuchung stellen sich nicht unerhebliche
Schwierigkeiten in den Weg. Die Räthsel nehmen in der
ae. Literatur eine ganz singuläre Stellung ein [1]). Inhaltlich
betrachtet behandeln sie vielfach Dinge, die dem Stoffkreise
der übrigen ae. Dichtungen gänzlich fernliegen; daraus ergibt
sich schon mit Nothwendigkeit eine Verschiedenheit in Stil
und Ausdruck, und der Anhaltspunkte zur Vergleichung —
speciell mit den geistlichen Dichtungen Cynewulf's — werden
relativ wenige sein.

Die Literatur über die Cynewulffrage ist im letzten
Decennium stark angewachsen, und es fehlt weder an Schriften
über die echten Dichtungen noch an solchen, die die ihm
mit mehr oder weniger Sicherheit zugeschriebenen Werke
behandeln. Wohl aber fehlen zusammenfassende Arbeiten
über die ae. Syntax, die es uns ermöglichen zu scheiden,
was dem Einzelnen und was der ganzen Epoche eigenthümlich
ist. Ich habe es demgemäss unterlassen auf syntactische
Dinge einzugehen, da ich mir für unsern Zweck keinen
Gewinn davon versprechen durfte [2]). Dagegen wird die
Untersuchung des Wortschatzes und der Phraseologie, der
stilistischen Kunst und der Behandlung der Quelle, der
Sprache und Metrik uns belehren, welchen Standpunkt wir
in der Beurtheilung der Autorfrage einzunehmen haben.

Ehe wir an die Untersuchung herantreten, sind noch
einige Vorfragen zu erledigen. Die erste betrifft die Zu-

---

[1]) Die Räthselfragen in Salomo und Saturn kommen hier wohl
kaum in Betracht.

[2]) Vgl. die Bemerkungen von Schröer, E. St. X, 119.

sammengehörigkeit der Räthsel 1—60 und 61—89, die
bekanntlich in der Handschrift von einander getrennt überliefert sind. Dietrich hatte bereits in seiner grundlegenden
Arbeit die erste Reihe mit Entschiedenheit Cynewulf zugesprochen; bezüglich der zweiten hatte er einige Bedenken,
doch entschied er sich schliesslich dafür, auch diese als des
Dichters Eigenthum anzusehen. Ich möchte mich Dietrich's
Ansicht anschliessen und sie weiter zu begründen suchen.
An sich ist es eine ansprechende Vermuthung, auch wenn
man darauf verzichtet, eine vielbesprochene Stelle in der Eleẹe ↶
(v. 1246) biographisch auszunutzen, dass der Dichter zuerst
der weltlichen Poesie gehuldigt habe, ehe er sich der geistlichen zuwandte, denn für diese Entwicklung fehlt es ja nicht
an Analogien. Dies ist natürlich immer nur eine Möglichkeit;
für die Einheit und Zusammengehörigkeit der Sammlung
wird damit Nichts bewiesen. Wohl aber ist hierfür ein
anderes Moment von Bedeutung: die zahlreichen Ueberein-
stimmungen der Räthsel unter einander, sowohl was die Wahl
der Gegenstände als was einzelne Wendungen betrifft. Schon
Dietrich hatte viel Material zusammengebracht, das sich
übrigens noch vermehren lässt. So gehören No. 26 und 66
(die Zwiebel) zusammen; bei dem ersteren scheint die ursprüngliche Lösung von Dietrich entschieden besser als die
sehr gezwungene Deutung von Lange (der Hanf; Zs. f. d. A.
XII, 240, Anm. 12). Im Einzelnen vergleiche man: *réajaꝺ
min híajoꝺ* 26,8 mit *ꝺghicá mec réajaꝺ* 66,2 und *min héafoꝺ
scireꝺ* 66,3; ferner *nꝺngum sceꝺꝺe nynꝺe bonan ánum* 26,2 und
monnan ic ne bite, nymꝺe hẹ mẹ bite 66,5. Gleiche oder ver-
wandte Dinge sind behandelt in 15 und 78 (Horn), 31 und
81 (Wasser), 33 und 79 (Schiff), 34 und 68 (Eis, Eisscholle),
36 und 62 (Panzer, Hemd), 38 und 84 (Schmiedebalg, Fass),
41 und 67 (Schöpfung). Von Berührungen im Ausdruck
habe ich angemerkt: *hæfde jeorh cwico* 11,6 (s. 14,3) zu 73,5
hrfde jerꝺ cwicu. Zu den fast gleichlautenden Slellen 56,1.
57,10. 15,12. 21,12 vgl. *ic eom jorꝺ boren, þꝺr guman drincaꝺ*
64,3: *þꝺr guman druncon* Bruchstück nach 61 (Schipper,

Germ. 19,336): dazu *werum ôt wine* 43,16. Ferner zu 16,11.
82,7 *him (mé) biδ δ*'aδ *witod* vgl. *mé biδ gyrn witod* 16,6,
mé biδ forδ witod 21,24. Aehnlichkeit zeigen die Anfangs-
verse von 22 und 81: *nǐol ic fére and be grunde græfe* 22,
1.2 und *nǐol is nǐarográp* 81,5, *be grunde fareδ* 81,3: ferner
*strǐamas staδu bǐ*αtaδ 3,6 und *mec stondende strǐamas bǐatαδ* 79,8.
So verrathen 6,8 *(mec handwsorc smida bitaδ in burgum)* und
88,13 *(þǐah mec heard bite stiδecg stýle)* eine Anschauung, für
die sich nur im Beowulf ein Analogon findet [1]). Weitere
Entsprechungen sind: *rice and héane* 33,13=89,2. *dǐaf under
ýδe* 52,5=73,4. Aehnlich klingen die Verse: *hi lufan fǐrδmum
færste clyppaδ* 27,25 und *þór wit tú bǐoδ fǐrδme beclypped* 64,6
(das letzte Wort von Grein ergänzt). Ueberdies hat Prehn
in den Anmerkungen zu seiner Schrift verschiedene Stellen
aufgeführt, die hierher gehören: 11,4 zu 76,2; 13,1 zu 88,6:
15,3 zu 31,6 und 64.4; 21,17 zu 88,15; 38,2 zu 84.2; 27,9
zu 88,18; 19,1.2 zu 61,9; 51,8 und 54,4 zu 71,3. Ist es
hiernach nicht glaublicher, einen Verfasser für beide Räthsel-
zeichen anzunehmen als mehrere? Ein Nachahmer würde
doch schwerlich in der Copirung seines Vorbildes so weit
gegangen sein, dass er diese kleinsten Einzelheiten sich
angeeignet hätte. In unserer Ansicht werden wir weiter
bestärkt durch die Betrachtung des Verhältnisses zur Quelle.
In beiden Reihen lässt sich eine ziemlich gleichartige Benutzung
der lateinischen Räthsel nachweisen. Der englische Dichter
liebt es, theils die Gedanken der Quelle umzukehren wie in
7 und 81, theils die Dichtung durch einen leitenden Gedanken
zu umrahmen, z. B. in 13 und 66. Hierauf hat zuerst Prehn
hingewiesen (a. a. O. S. 10. 25. 56 u. ö.).

Nun handelt es sich noch um einen Einwand gegen die
Einheit der Sammlung, den Dietrich aus dem Umstande her-
leiten wollte, dass in derselben doppelte Bearbeitungen des-
selben Gegenstandes vorkommen. Speziell bezieht er sich
dabei auf No. 67, das als eine stark verkürzte Wiederholung

---

[1]) Vgl. Þurh sweordes bite Ap. 34. Þurh swcordbite Iul. 603.

von 41 erscheint. Wenn nun Dietrich behauptet: 'ein guter
Dichter giebt von einem und demselben Dinge nicht zwei
Bearbeitungen, sondern die, welche er für die beste hält'
(Zs. f. d. A. XII, 235), so ist dieser Satz in seiner Allgemein-
heit entschieden unrichtig; denn thatsächlich haben zu allen
Zeiten Dichter denselben Gegenstand wiederholt behandelt, indem
sie ihn ihrer fortgeschrittenen Technik oder ihren wechselnden
Anschauungen und Erfahrungen anpassten. [1]) Dass grade Cynewulf es liebt, gewisse Vorgänge wiederholt zu erwähnen und zu
beschreiben, hat Ramhorst (a. a. O. S. 69) mit Recht hervorgehoben. Was insbesondere den oben erwähnten Fall angeht,
so lässt sich, wie ich glaube, die Uebereinstimmung von 41
mit 67 ziemlich leicht erklären. Das 41. Räthsel, das grösste
von allen und zugleich das vom lateinischen Original ab-
hängigste, war wohl des Dichters erster Versuch auf einem
neuen Gebiete, fand als solcher nicht den Beifall der Hörer,
und wurde von ihm daher einer stark verkürzenden Bearbei-
tung unterzogen. An sich widerspricht es schon dem Wesen
dieser Gattung, eine solche Fülle von Einzelzügen zu häufen,
wie es hier geschieht, ohne dem Rathenden auch nur einen
leisen Wink zu geben. Darum beschränkt sich auch die
Mehrzahl der Räthsel und darunter grade die besten darauf
das Wesentliche mit epigrammatischer Knappheit hervorzuheben. Andrerseits ist ein Begriff wie die Schöpfung viel zu
abstract, um als Grundlage für ein echt volksthümliches
Räthsel dienen zu können. Solche Verkennung seiner Auf-
gabe characterisirt den Anfänger, der sich ausserdem durch
verschiedene Ungeschicklichkeiten verräth. Dahin rechne ich
nicht so sehr die häufige Wiederholung derselben Worte (so
erscheint z. B. *ǽghwǽr* sieben Mal zur Ausfüllung des Verses),
als die Uebersetzung von Aldhelm, De creatura v. 27 und
61/62 durch die gleichlautenden Zeilen 50/51 und 82/83, sowie
den ungeschickten Flickvers 73 *(þǽs gores sunu, þone we wifel
wordum nemnað)*. Ich entscheide mich nun dafür, das 67. Räth-

---

[1]) Vgl. hierzu auch Ebert, die Räthselpoesie der Angelsachsen, S. 28.

sel als eine volksthümlichere, wenn auch nicht sehr glückliche
Umgestaltung des 41. zu betrachten.[1]) Auf die Einrede von
Dietrich ist aber um so weniger Gewicht zu legen, als er
sich selber, wie erwähnt, schliesslich für die Einheit der
ganzen Sammlung erklärt hat.

Ein weiteres Bedenken Dietrich's lässt sich kürzer erledigen. Er bemerkt, dass Einleitung und Schluss in der
ersten Gruppe umständlicher und sorgfältiger behandelt seien
als in der zweiten. Darauf ist zu erwidern, dass in der ersten
Gruppe nicht weniger als 16 unter 60 Räthseln Eingangs-
und Schlussformel entbehren (6—8. 10. 12. 16. 18. 22. 23.
31. 47. 48. 53—55. 57), 6 andere (11. 15. 17. 20. 24. 58)
die kurze Schlussformel der 2. Gruppe *(saga hwæt ic hátte)*
aufweisen. Uebrigens lässt sich über diese 2. Gruppe mit
Rücksicht auf die so lückenhafte Ueberlieferung ein sicheres
Urtheil gar nicht abgeben; dass aber auch hier ausführlichere
Schlussformeln vorgekommen sind, beweist das schon er-
wähnte Räthselfragment 67 a, das Dietrich allerdings noch
nicht bekannt sein konnte und wo es heisst: *secge se þe cunne,*
wisjæstra hwylc, hwæt séo wiht sý (l. sie): ferner der Schluss
von 81, wie er sich aus Schipper's Collation ergiebt.

Auf Grund dieser Ausführungen halte ich mich für be-
rechtigt, die Räthsel als das Werk e i n e s Dichters behandeln
zu dürfen. Freilich muss ich eins von der Untersuchung aus-
schliessen, das erste, das ich nicht für ein Räthsel halte und
anhangsweise besprechen werde.

Ausser den drei mit Cynewulf's Namen bezeichneten
Werken, zu denen sich nach der jüngsten Entdeckung Napier's
die Fata apostolorum als viertes gesellen, habe ich noch den
Phoenix sowie von den Legenden Andreas und Gûðlâc zum
Vergleich herangezogen, weil mir ihre Echtheit nach den
Arbeiten von Gäbler (Angl. III, 488 ff.), Ramhorst[2]) und
Lefèvre (Angl. VI, 181 ff.) wahrscheinlich geworden ist. Die

---

[1]) Anders urtheilt Holthaus (Anglia VII, Anz., p. 123).
[2]) Bezüglich des Andreas vgl. Zupitza, Z. f. d. A. XXX, 175 Anm.

Belegstellen aus diesen Gedichten trenne ich möglichst von
denen aus unzweifelhaft echten Werken. Von der Echtheit
des Traumgesichts vom hlg. Kreuze und der Höllenfahrt
Christi habe ich mich hingegen nicht überzeugen können und
habe sie daher von meiner Untersuchung ausgeschlossen.

II.

Für die Beurtheilung der Räthsel im Allgemeinen ist
es wichtig von vorn herein festzusellen, dass sie, ob man nun
an die Autorschaft Cynewulfs glauben will oder nicht, jedenfalls als ein Jugendwerk ihres Verfassers anzusehen sind.
Einen so offenen Blick und ein so lebendiges Interesse für Alles,
das Grösste wie das Kleinste, in der ihn umgebenden Welt,
diese Lebenslust, die auch vor naiv sinnlichen Aeusserungen
nicht zurückscheut, darf man nur bei einem jugendlichen
Dichter zu finden erwarten. [1] Ferner wird es immer als
Kennzeichen eines dichterischen Anfängers gelten, wenn er,
wie es in den Räthseln geschieht, auf sein Publicum durch
die Wahl von nicht alltäglichen Ausdrücken zu wirken sucht,
indem er voraussetzt, dass er durch seinen Stoff allein oder
seine Art diesen zu behandeln keine Wirkung erzielen werde.
In unserem Falle ist ja die Wahl vieler sonst seltener oder
unbelegter Worte durch den zu behandelnden Gegenstand bedingt; andere aber sind wohl nur darum verwendet, weil sie
den Zuhörern neu und überraschend erscheinen sollten. Wenn
sich trotzdem herausstellt, dass zwischen den Räthseln und
den Werken Cy.'s eine Uebereinstimmung des Wortschatzes
besteht, die sich auch auf weniger häufige Worte erstreckt,

---

[1] Vgl. Dietrich, Z. f. d. A. XI, 489. XII, 241. Fritzsche, Anglia
II, 465.

so kann dies als gewichtiges Moment für die Verfasserschaft des Dichters in die Wagschale fallen. Ich gebe hiernach ein Verzeichniss derjenigen Worte, die nur in den Räthseln belegt sind. Ausdrücke, die auch in der Prosa sich finden, sind mit einem Stern bezeichnet.

a. Substantiva.

æfensceop 9, 5. *aglúchúd* 54, 5. *ærendspræc* 61, 15. *anga* 24, 4. *ám* 36, 8. *áttorspere* 18, 9. — *báamtelg* 27, 9. *bearh* 41, 106. *bearngestréon* 21, 27. *bearonæs* 58, 5. *bindere* 28, 6. *bócwudu* 41, 106. *brægnloca (Conjectur)* 72, 21. *brerd* 27, 9. *brimgæst* 4, 25. *byden* 28, 6. — *campwæpen* 21, 9. *clympre* 41, 75. *cyneword* 44, 16. — *déaðslege* 6, 14. *déaðspere* 4, 53. *dolwite* 27, 17. *druncmennen* 13, 9. *dryhtgestréon* 18, 3. — *ealdorburg* 60, 15. *ealdorgesceaft* 40, 23. *éðelfæsten* 72, 22. *eodorwir* 18, 2. *eorðgræf* 59, 9. *éoredmæcg* 23, 3. *éoredþréat* 4, 49. — *fám* 3, 4. *féðemund* 16, 17. *fengce* 41, 71. *fóddorwela* 33, 10. *folcsæl* 2, 5. *folcscipe* 33, 10. *folcwigu* 15, 13. *fridhengest* 23,4. *frumstaðol* 61, 3. *fyrdsceorp* 15, 13. — *galdorcwide* 49, 7. *gedyn* 4, 45. *gefara* 78, 2. *gegnpæð* 16, 26. *geoguðcnósl* 16, 10. *gléowstól* 87, 9. *góp* 50, 3. *grundbedd* 81, 24. *guðfugol* 25, 5. — *hagusteald* 21, 31. *hémedlác* 43, 3. *hangelle* 45, 6. *heaðoglem* 57, 3. *heaðosigel* 72, 16. *héafodwóð* 9, 3. *héahcræft* 36, 4. *healsworiða* 5, 4. *healsrefeðer* 41, 80. *heterún* 34, 7. *hildegiest* 54, 9. *hildeþrýð* 20, 4. *hléobord* 27, 12. *hléosceorp* 10, 5. *hlin* 56, 9. *hlóðgecrod* 4, 63. *holmmægen* 3, 9. *hópgehnást* 4, 27. *hrisil* 36, 7. *hrung* 23, 10. *hyhtplega* 21, 28. — *iw* 56, 9. — *læcecynn* 6, 10. *láðgewinna* 16, 29. *lagufæðm* 61, 7. *lyftfæt* 30, 3. — *mægenþise* 28, 10. *mándrinc* 24, 13. *midwist* 89, 8. *módþréa* 4, 50. *módwén* 87, 7. — *nard* 41, 29. *niðsceaða* 16, 24. — *ordstapu* 71, 17. *orþoncbend* 43, 15. *orþancpil* 22, 12. — *ræping* 53, 1. *regnwyrm* 41, 70. *reoden (?)* 26,˙8. *ryncgiest* 4, 58. *rýneman* 43, 13. — *ság* 79, 5. *sceám* 23, 4. *sceawendwise* 9, 9. *sceór* 4, 41.[1] *searocéap* 33, 7. *searopil* 87, 2. *séaw*

---

[1] *sceo Hds.:* für *scúr!* Cf. An. 512.

4, 47. *sinder 27, 6. spéddropa 27, 8. sperebróga 18, 4. stæl-
giest 48, 5. stánwong 88, 6. stiðweg 4, 35. stréanngewinn 4, 31.
*swingere 28, 7. — unrǽdsið 12, 4. unsceaft 85, 24. — *þrǽd
36, 6. *þréat 36, 6. þýrel 16, 21. 71, 7. — *wár 3, 8. *wárvð
41, 49. wǽgfæt 4, 37. wǽgstæð 23, 2. wælcræft 87, 4. wælcwealm
2, 8. wælgim 21, 4. wælhwelp 16, 23. *wearp 36, 5. *weorpere
28, 7. *wermód 41, 60. *wifel 41, 73. wilgehléða 15, 5. *wincel
55, 2. wirboga 15, 3. wódgiefu 32, 18. wolcengehnást 4, 60.
wombhord 18; 10. wordléan 78, 9. worldbearn 81, 27. woruld-
strengu 27, 2. wrádscræf 41, 41. wrǽðstuðu 41, 2. wriða 60, 5.
wuldorgim 81, 20. wudutréow 56, 3. wundorworuld 40, 17.

b. Adjectiva.

*æfterweard 16, 4. bánlías 46, 3. blédhwæt 2, 9. belced-
swéora 79, 1. byledbréost 79, 1. *cyrten 26, 6. *clǽngeorn 81, 21.
dégolful 80, 14. efelang 45, 7. féaxhár 73, 1. féðegeorn 32, 9.
férðfriðeud 39, 3. flintgrǽg 4, 19. forhtmód 16, 13. forstrong
37, 4. geoguðmyru 39, 2 (?). *geryde 64, 15. hámléas 40, 9.
hasufáh 12, 1. héafodbeorht 20, 2. heoruscearp 6, 8. hléortorht
69, 6. hrimigheard 88, 7. hwitloc 43, 3. hwitlocced 78, 4. hygegál
13, 12. licbysig 31, 1. medwis 5, 10. múðléas 61, 10. mundróf
84, 3. nearográp 81, 6. orlegfrom 21, 15. rádwérig 21, 14.
rynestrong 20, 7. *salu 78, 11. saloneb 50, 5. salupád 58, 3.
searobunden 56, 4. searosǽled 24, 16. segnberend 41, 20. slǽp-
wérig 5, 5. stiðecg 88, 14. *sumsend 4, 47. sweartlást 77, 11.
tilfremmend 60, 7. þrágbysig 5, 1. þreohtig 82, 4. þyrelwomb
79, 11. ungód 21, 35. wonfáh 53, 6. wuldornyttig 81, 19.

c. Verba.

*ábrégan 41, 17. *ágnian 87, 10. *ámæstan 41, 105. árýpan
76, 7. *áswápan 24, 5. átimbran 30, 5. áþrintan 38, 2. bifeohtan
4, 32. beginan 87, 3. *bellan 41, 106. bennegean 57, 2. berstan
(transit.) 5, 8. *besincan 11, 3. beþennan 27, 12. beþyncean 49, 7.
*bewǽfan 70, 1. *bewitan 81, 9. *blǽcan 29, 5. *blandan 41, 59.
*blǽtan 25, 2. borcian 84, 6. efnettan 41, 63. fellan (?) 38, 4.

flócan 21, 34. *geatwan* 29, 6. *gedolgian* 45, 6. *gehréjan* 2, 10.
gemédan 12, 6. *gemênan* 25, 6. *genêstan* 28, 10. *geondsprengan*
27, 8. *g̈opan* 24, 9. *gewrégan* 3, 3. *gliwian* 27, 13. *hêtsan* 4, 5.
hnossian 6, 7. *hrindan* 55, 4. **hrútan* 36, 7. *médan* 56, 15.
mésan 41, 62. **nêtan* 7, 4. **onhæbban* 31, 7. *sæccan* (?) 17, 2.
snyðigean 22, 6. *stæððan* 4, 74. *tóþringan* 4, 37. *træ̈dan* 58, 5.
*þrájian 4, 4. *þrindan* 46, 5. *underflówan* 11, 2. **wáwan* 41, 81.
wrê̈snan 25, 1. **wrótan* 41, 107. *wyltan* 60, 19. *wyrman* 13, 10.
ymbwindan 41, 84.

Hierzu kommen noch einige Worte, die ausser in den
Räthseln nirgends in der poetischen Literatur, in diesen aber
mehrfach belegt sind.
beaduwê̈pen 16, 3. 18, 8. **bestelan* 12, 6. 28, 13. **fégan*
26, 9. 62, 6. **fé̈lan* 7, 8. 26, 9. *gescyldru* 41, 103. 69, 4. *gifre*
27, 28. 50, 3. **hondwyrm* 41, 96. 67, 2. *hildepil* 16, 28. 18, 6.
hygewlonc 20, 2. 46, 4. **onhyrgan* 9, 10. 25, 4. **stealc* 3, 7.
4, 26. 88, 3. **steort* 17, 8. 22, 4. 59, 7. 79, 2. *sundhelm* 3, 10.
76, 1. **sweorfan* 29, 4. 87, 2. *tæ̈nan* 4, 16. 52, 7. *tillic* 55, 8
64, 5. *tósëlan* 16,25. 17, 5. *underhnigan* 4, 69. 87, 6.

Wir haben hier also 262 Worte nachgewiesen, welche nur
in den Räthseln vorkommen, gewiss eine namhafte Zahl, die auf
den ersten Blick gegen Cy.'s Verfasserschaft zu zeugen scheint. Es
ist aber zu bedenken, dass auch in den einzelnen Dichtungen
Cy.'s die Anzahl der ἅπαξ λεγόμενα eine recht ansehnliche ist.
So kommen z. B. im Crîst nach der Zusammenstellung von
Ramhorst in 1694 Versen schon 196 solche Worte vor (a. a. O.
S. 40). Andrerseits enthält die Juliane nach Gaebler (Anglia
III, 508) in 731 Versen 129 Composita, die sich sonst in
Cy.'s Werken nicht finden, der Phönix auf 677 Verse 95 Com-
posita. Mit diesen verglichen erscheint also die Zahl der
betreffenden Worte in den Räthseln nicht so auffallend gross.
Ziehen wir ferner in Erwägung, wie viele der oben angeführten
Ausdrücke auch in der ae. Prosa belegt sind [1]), die der

---

[1]) Es sind im Ganzen 62, d. h. etwa 24 %; doch ist diese Zahl nur
annähernd richtig, weil die Wörterbücher nicht alle Belege aufführen.

Dichter gebrauchen musste, wenn er von bestimmten Dingen
sprechen wollte und die bei der Berechnung eigentlich auszuscheiden wären, so wird man so viel behaupten dürfen, dass
dieser Punct wenigstens nicht als entscheidend gegen Cy.'s
Autorschaft gelten darf.

Einige Gruppen von zusammengesetzten Worten mögen
veranschaulichen, wie der Wortschatz der Werke Cy.'s und
der Räthsel aus gleichen Elementen besteht. Das Wort
candel mit seinen Ableitungen gebraucht Cy. gern als Bezeichnung für Sonne: es erscheint als Simplex Jul. 454.
Ph. 91. Gu. 1264 (ausserdem nur im Beowulf und dem
späten Aeðelstânliede). Zusammensetzungen davon sind: *dægcondel* Rä. 88, 27. An. 837. *heofoncondel*[1]) Cri. 608. An. 243.
sweglcandel Ph. 108. *wedercandel* An. 372. Ph. 187. *wyncandel*
Gu. 1186. Ausserdem gibt es noch drei Wörter dieser Art,
die in anderen Werken je einmal belegt sind.

Ein zweites Wort dieser Art ist *hlóð*, belegt Jul. 676.
Cri. 1163. Gu. 868. 887. An. 42. 994. 1391. 1545. (Seel. 114).
Composita: *hlóðgecrod* Rä. 4, 63. *gehlíða* Rä. 88, 23. El. 113.
wilgehlíða Rä. 15, 5. *herehlóð* Gu. 1042.

Weiter das Wort *wóð*, das ausser in den Rä. 9, 11 und
Panth. 43 nur noch bei Cy. vorkommt (El. 749. Gu. 234.
362. 871. An. 675). Composita: *wóðbora* Rä. 32, 24. 78, 9.
Cri. 302 (Cræft. 35. Schöpf. 2. Edg. 53). *wóðcræft* Ph. 127.
548. (Wallf. 2.) *wóðgifu* Rä. 32, 18. *wóðsang* Cri 46. *heafod-.
wóð* Rä. 9, 3.

Es wären hier diejenigen Worte anzuschliessen, die ausschliesslich in den Werken Cynewulf's (CW.) und den Räthseln (R.) sich finden. Es sind ihrer nicht allzuviele; bemerkenswerth ist aber die Berührung mit dem Wortschatze
des Andreas, die sich auch noch weiter verfolgen lässt.

a. R. — Ap. Cri. Jul. El.

bidjæst 57, 7. Cri. 1598 (Conj.) *bidsteal* 41, 19. Jul. 388.

---

[1]) Dies Wort ist noch Exod. 115, Schöpf. 54 belegt, wo es aber
eine andere Bedeutung hat.

flángeweorc 57, 12. Cri. 676. *gehléða* 88, 23. El. 113. *gestun*
4, 56. Cri. 991. *hingang* 63, 1. Cri. 1413. 1555. *spild* 18, 8.
Jul. 85. El. 1119. *wróhtstǽf* 72, 12. El. 926.

b. R. — Ph. Gu. An.

ánid 61, 5. Gu. 304. 327. *bléað* 41, 16. An. 231. *dǽg-
condel* 88, 26. An. 837. *dwǽscan* 81, 33. Cri. 486. Phoen. 456.
ealfelo 24, 9. An. 771. *gúðgewinn* 6, 5. An. 217. *gyrn* 16, 6.
80, 7. Cri. 1305. Jul. 176. 619. Ph. 410. Gu. 834. An. 1152.
1587. *hetegrim* 34, 5. An. 1397. 1564. *hlinc* 4, 24. Phoen. 25.
hornsæl 4, 8. An. 1160. *hwælmere* 3, 5. An. 370. *hygebliðe*
27, 20. An. 1693. *hygeþonc* 36, 4. An. 818. Cri. 1331. El. 156.
mearcpæð 71, 10. El. 233. An. 789. 1063. *merefaroð* 61, 2.
An. 289. 351. *unlæt* 54, 11. Gu. 1007. *wreðian* 81, 16. An. 523.
wrenc (i. d. Bdtg. „Gesang") 9, 2. Ph. 133. *wundorcræft* 41, 8.
Ap. 55. Jul. 575. An. 13. 645.

Es folgen jetzt diejenigen Worte, die zwar in R. und
CW. relativ häufig, sonst aber selten sind:

aglác 4, 7. 79, 6. 88, 17. El. 1188. Dan. 238. *áwyrgan*
21, 17. Cri. 1562. Exod. 532. *bemiðan* 89, 15. Cri. 1049.
El. 583. Gu. 118. An. 858. Ps. 68, 6. *biréofan* 4, 31. 14, 7.
Cri. 1526. An. 1086. B. 2458. 2932. Exod. 36. *beorghlið* 58, 2.
El. 788. 1009. Gen. 2159. Exod. 448. *besnyððan* 27, 1. An.
1326. Beow. 2925. *betgnan* 41, 11. Ph. 419. Sal. 173. *beweorpan*
81, 34. Gen. 393. Run. 28. *blanca* 23, 18. El. 1185. B. 856.
burgsæl 58, 5. Gu. 1258. 1305. Panth. 50. *delfan* 41, 97.
El. 829. Ps. 56, 8. *dolg* 6, 13. 57, 4. Cri. 1108. 1207. Kr. 46.
earlgestealla 78, 1. El. 64. B. 1326. 1714. *edniwe* 42, 1. Ph. 77.
223 u. ö. Metr. 11, 39. *fell* 14, 3. 76, 5. Jul. 591. An.
23. B. 2088. *flint* 41, 78. Cr. 6. 1189. Sal. 100. *full* 4, 38.
24, 14. Gn. Ex. 91. B. 615. 628 u. ö. *gæstberend* 21, 8.
Cri. 1600. Cræft. 2. *godweb* 36, 10. Cri. 1135. Exod. 587.
Metr. 8, 25. *gramheort* 5, 6. Gu. 541. B. 1682. *grima* 41, 17.
El. 125. Ps. 108, 30. *hasu* 2, 7. 14, 9. 25, 4. 41, 61. Ph.
121. Gen. 1451. *héahmód* 43, 17. Ph. 112. Mod. 54. *heardecg*
6, 8. El. 758. B. 1288. 1490. *heresið* 30, 4. El. 133. Mod.
60. *hlimman* 3, 5. 36, 6. An. 392. Jud. 205. Seef. 18. *hlyn-*

sian 34, 3. An. 154
Az. 38, 41. *hýðan* 3
1044. Sal. 292. 454.
32, 3. 33, 3. 5. 81, 2:
21, 3. El. 964. An.
1275. B. 980. *þéana*
Metr. 5, 6. *þyrel* (ac
þýwan 4, 18. 13, 8.
B. 1827. 2736. An. !
Metr. 10, 6. *winterceal*
54, 7. El. 24. B. 964
64. Exod. 588.
Es folgen nun die
die Räthsel mit ande)
CW. nicht vorkomme
ibǽdan 56, 12. !
áléodan 81, 25. Ps. 10
áscúfan 87, 6. Gen. 1
1, 8. *beadoweorc* 6, 2
15, 9. B. 623. Jud.
289. 310. 359. *begrin*
Metr. 12, 9. *bestreðar*
131, 4. *burghlið* 28, 2.
Gen. 2213. *cǽg* 43,]
49, 3. 58, 4. Gen. 8
Gen. 1464. Ps. 104, :
Ps. 131, 3. *dægtid* 1:
Sal. 122. *earh (oceani*
4, 42. 50, 11. Exod. :
76, 3. Gen. 908. *féo*
15, 9. B. 554. Jud. 1
weg 37, 9. Exod. 10(
190. Gen. 1579. *friði*
Beow. 2668. Hy. 4, '
gesóm 85, 21. Gen. 8!
guðgemót 16, 26. Gen.

26, 53. *hagustealdmon* 15, 2. 55, 3. Exod. 192. *handweorc*
6, 8. 21, 7. Exod. 492. *holen* 56, 10. Gn. Ex. 80. *indryhten*
44, 1. 89, 1. Wand. 12. *mægenróf* 38, 3. Exod. 275. *mægen-*
strong 84, 3. Hy. 3, 21. *merehengest* 15, 6. Metra 26, 25.
middelneaht 87, 7. B. 2782. 2833. Metr. 28, 47. *módwlonc*
26, 7. Seef. 39. *nægledbord* 59, 5. Gen. 1418. *ofergongan*
41, 10. Exod. 561. Metr. 20, 71. *ondfenga* 62, 7. Ps. 53, 4.
58, 9 u. ö. *onþéon* 64, 2. 85, 23. Exod. 241. B. 900. *pæððan*
59, 9. 71, 10. Schöpf. 71. Metr. 31, 10. *róse* 41, 24. Metr.
6, 13. *sælwong* 4, 2. 20, 3. Gen. 1293. *staðolwong* 35, 8.
Gen. 1912. *stinrita* 4, 10. Gen. 2079. *sundorcræft* 40, 3. Metr.
20, 203. *swiðfeorm* 4, 72. Gen. 9, 1770. *telg* 27, 15. Panth.
22. *unwita* 50, 11. Sal. 410. *upcyme* 31, 9. Dan. 385. *uplong*
85, 4. Exod. 303. B. 759. *wæpnedcynn* 39, 1. Gen. 2312.
2319. 2372. Exod. 188. *wicstede* 4, 9. B. 2463. 2608. Ps.
78, 9. *wlitetorht* 70, 3. Metr. 28, 60. *wolcenfaru* 4, 71. Dan.
379. *wréð* 4, 13. Gn. Ex. 153. *wundenlocc* 26, 11. Jud. 77.
103. 326. *þéotan* 39, 4. Metr. 26, 80. *ymbclyppan* 41, 15. 53.
Metr. 9, 40. 11, 35. Edw. 12. *ýðan* 70, 7. B. 421. Wand. 85. —

Wenn es richtig ist, dass 'die Werke Cynewulf's eine
mit dem Verfolg der einzelnen Werke sich steigernde Uebereinstimmung mit dem Wortschatz des Beowulf' zeigen (Ramhorst
a. a. O. p. 38), so würde diese Beobachtung sehr gut zu der
Annahme stimmen, dass die Räthsel an den Anfang von Cy.'s
Dichterlaufbahn zu stellen sind, denn es sind nur die folgenden Worte, die sich ausschliesslich aus dem Beowulf und den
Räthseln belegen lassen:

árstæf 27, 24. B. 317. 382. 458. *bid* 4, 3. B. 2962.
čam 47, 6. B. 881. *feorhbealu* 24, 5. B. 156. 2077. 2250.
2537. *heaðor* 21, 13. 66, 3. B. 414. *hnitan* 87, 4. B. 1327.
2544. *óðfergan* 17, 7. B. 2141. *rúnstæf* 43, 6. 59, 15. B. 1695.
sincfäh 15, 15. B. 167. *geþrüen*[1]) 87, 1. B. 1285. *wrot* 32, 2.
B. 1531. 2413. 2771. 3060.

Es ist bereits bemerkt worden, dass diese Wortsamm-

---

[1]) Vgl. Btrg. IX, 282.

lungen zur Entscheidung der Verfasserfrage direct wenig
beitragen. Unzweifelhaft sind in den Räthseln viele echt
Cynewulf'sche Ausdrücke zu finden, andrerseits haben wir
gesehen, dass sie auch mancherlei mit den Gedichten gemein
haben, die fälschlich unter Cædmon's Namen gehen, insbesondere mit Genesis und Exodus. Wir werden unserem
Ziele näher kommen, wenn wir nachweisen können, dass nicht
nur einzelne Worte, sondern ganze Phrasen, die man als
Eigenthum Cy.'s erkannt hat, auch in den Räthseln sich
wiederfinden. Vieles derart hat Lefèvre zusammengestellt,
einiges auch Gaebler. Es wären hier folgende Ausdrücke zu
verzeichnen:

andsware ȝwan R. 56, 10. *andsware (á)gifan* in der
Juliane 6 Mal, Elene 4 Mal, Andreas 10 Mal, auch Gu. 1136.
1197: sonst nur 2 Mal belegt. Vgl. auch *andsware secgan*
El. 375. 567 (Seel. 106): *andsware cýðan* El. 318.

fús forðweges R. 31, 3: *forðsiðes from* 63, 2. Dazu *fús
on forðweg* Gu. 773. 918. (Exod. 129). *fús on forðsíð* Gu.
1121. *áfýsed on forðsíð* Gu. 911. *forðsiðes fús* Gu. 1023.
siðes fús Gu. 1050. 1349. El. 1219. Ph. 208.

blisse bringan R. 9, 6. Cri. 68: *geféan bringan* G. 19.
wilna brúcan R. 29, 10. Gu. 1163 (Gen. 1532. 1812.
Dom. 78). Vgl. *willan brúcan* An. 106, *wynna brúcan*
Gu. 308.

geong ácenned weorðan R. 41, 44: ähnlich An. 685. El.
638. Die ähnliche Wendung *þurh (in) cildes hád ácenned
weorðan* ist Cy. speziell eigen und noch 4 Mal bei ihm belegt.
ǽr oððe sið 61, 8. Cri. 894. 1053. El. 74; *sið oððe ǽr*
Jul. 710. Cri. 1068. El. 975 (Men. 200).

sío grimme tíd R. 4, 30 (vom Sturm). Cri. 1081. 1334
(vom jüngsten Gericht). Die Verbindung eines Adjectivs mit
tíd ist bei Cy. ungemein häufig.

searoponcum gléaw R. 36, 13. Das erste Wort Jul. 298.
494. El. 414. 1190. An. 1257 (Beow. 775). Auch *searocræft*
ist mit einer Ausnahme nur in CW. belegt: das Adjectiv
searocræftig steht R. 34, 8.

2

in éagna gesihð R. 60, 9. Dazu *jor éagna gesihð* Cri. 1114, cf. An. 30 (Schöpf. 66): *for éagum onsýne* Gu. 1228. An. 912. *wic búgan* R. 8, 2. 16, 8. Gu. 269. *of brimes fæðmum* R. 3, 13. 11, 6: vgl. *þurh flódes fæðm* An. 1618. *ofer byrnan bósm* R. 4, 62: *of brimes bósme* An. 444. *ýð sio brúne* R. 61, 6: *brúne ýða* An. 519, auch 442 (brim Hds.). *sið úsettan* R. 10, 11. Ap. 112. El. 998. An. 1706. (Hy. 4, 72).

wundrum erscheint oft verstärkend vor Adjectiven und Participien: Rä. 36, 1. 37, 2. 51, 1. 68, 2. 81, 1. 16. 35. Vgl. Jul. 264. Cri. 909. Ph. 63. 85. 232. 468. Gu. 1090. An. 1494. 1499.

Superlativ, verbunden mit einem davon abhängigen Genitiv eines Substantivs: R. 4, 39. 40. 12, 9. 40, 14. Für CW. vgl. Charitius, Anglia II, 303.

Eine Lieblingsidee von Cy., auf die er immer wieder zurückkommt, ist die Verbindung von Leib und Seele, die auch im 44. Räthsel behandelt ist (vgl. *folcbúendra flæsc and gæstas* 2, 13). Zuerst bemerkte dies Dietrich (Z. f. d. A. XII, 246): cf. auch Gaebler a. a. O. S. 512. Ich füge den angeführten Stellen noch hinzu: Cri. 820. El. 890. Gu. 900.

Die Uebereinstimmung mit dem Wortschatz Cy.'s konnte möglicherweise noch eine zufällige sein; die obige Zusammenstellung lehrt, dass die Räthsel in einem engeren Verhältniss zu Cy.'s Dichtungen stehen. Man könnte freilich immer noch einwenden, dass sie von einem Schüler oder Nachahmer herrühren. Dies ist an sich schon nicht wahrscheinlich; denn wie sollte ein weltlicher Dichter dazu kommen, sich gerade geistliche Werke, Legendendichtungen zum Vorbilde zu nehmen? Doch um hierüber, soweit es möglich ist, in's Klare zu kommen, müssen wir noch die Versanklänge in R. und Ch. untersuchen.

Wir haben hier zweie:
directe, wörtliche Entsprechu
den Räthseln entlehnt sein
Rathen, Nachdenken u. ähnl.

1. *forþon nis ænig þæs horsc n*
Hwylc is hæleða þæs horsc an
gif þu unrædes êr ne gesıci
and þæs unrihtes eſt geswıcc
gif hí (he) unrædes êr ne gı
gif hé beald in gebede bidætı
þonne he gebolgen bidsteal ŋ
godgimmas grunde getenge]
wynsum wuldorgim wolcnum
óð þæt hie semninga slêp oʐ
and mec semninga slêp oſer
gif hé leng bide liðran gem
ic á bidan sceal liðran gem
Sehr wahrscheinlich gehü
hungor se luita nê se hearda
yrmðu nê yldo Ph. 613.

und: *þim se grim*
hungor sceððan ne se hûta]
yldo ne álle ne se enga dѓa
wo die vier letzten Worte von

2. *nu þu geornlice gâstgerŋnum*
mon se mêra, moderwſte sѓc

þurh seſan snyttro, þæt þú
sóð wite,
hú þæt geѓode ... Cri. 440
(cf. An. 603).
micel is tó secgan
eall æſter orde, þæt he on elne
ádrѓag Gu.503 (An.1483).

¹) Vgl. Gaebler, Angl. III,
einige Verse im letzten Abschnitt ɩ

saga gif þu cunne El. 857. | *rece gif þu cunne* R. 33, 13.

| *secge se þe cunne* R. 67 a

| (Bruchst.).

Endlich erwähnt noch Dietrich als für Cy.'s Manier bezeichnend die Art, wie am Schluss der Juliane Seele und Leib als zwei Ehegenossen (*sinhiwan tú:* v. 698) eingeführt wurden, ein Ausdruck, der sehr an die Räthsel erinnert (vgl. S. 18). Es sind hier nur solche Versanklänge verzeichnet, die nirgends ausser in R. und CW. zu finden sind. Ist nun ihre Zahl auch nicht sehr gross, so ist doch ihre Beweiskraft nicht gering. Eine Nachahmung Cy.'s scheint mir auch hier nicht vorzuliegen. Die Gedanken, die in diesen Versen ausgesprochen sind, sind weder so originell, noch so prägnant gefasst, dass sie sich irgend Jemandem hätten einprägen können; wohl aber ist ihre Wiederholung wahrscheinlich bei einem Dichter, der sich selbst so gern citirt wie Cynewulf.

Zum Schluss lasse ich noch eine Uebersicht über die Bezeichnungen für bestimmte besonders wichtige Begriffe in R. und CW. folgen, um zu ermitteln, ob eine Uebereinstimmung auch auf dem Gebiete der Synonymik besteht. Der Reihe nach sind zu betrachten die Ausdrücke für: 1) Gott, 2) Himmel und Gestirne, 3) Hölle, Teufel, 4) Erde, 5) Meer, 6) Menschen, 7) Waffen, Kampf, 8) Schiff. Das Material dazu hat aus den Werken Cy.'s G. Jansen[1]), wenn auch nicht vollständig, zusammengestellt. Nur bei selteneren Worten werde ich die Verszahlen angeben und die Belege vollständig aufführen.

Gott.

(nergend) god R. 60, 4.

(sóð) meotud 4, 54.

(éce) scyppend 41, 1. 101.

| Cri. 324.

| An. 1604. *meotud:* Jul. Cri. El.

| *sc.:* Jul. Cri. El.

---

[1]) Beiträge zur Synonymik und Poetik der allgemein als ächt anerkannten Dichtungen Cynewulf's. Münster 1883.

wuldorcyning 40, 21.	Ap. Jul. El. *wuldres cyning* Ap. 27.
héahcyning 41, 38.	Ph. 129. 483. *heofona (-es)* h. Cri. 150. 1340 (Christus). An. 6. Ph. 446.
on ryht cyning 41, 3.	Ph. 664. An. 120. 304 (Chr.). 700.
(meahtig) dryhten 41, 12.	Ap. Jul. Cri. El.
waldend 21, 4. 24, 6. 41, 14. 89.	Cri. El. An. Gu.
rodera weard 14, ˉ7.	Cri. 134 (Chr.) 222. *rodera waldend* Cri. 1221.
(ealra) anwalda 41, 4.	*(ice) onwealda* Gu. 610.
(rice) reccend 41, 3.	Cri. 18.
fréa 4, 1.	Cri. El. Ph. Gu. An.
helpend gǽsta 49, 5.	*(gǽsta geócend* Cri. 691. EL 682. 1077. An. 548. 903. Gu. 1106).
fæder 81, 9.	Ap. Jul. Cri. El.
ór and ende 81, 10.	*(fruma and ende* An. 552).
Ohne Entsprechung: *héah* 12, 1. *dryhtjolca helm* 27, 17.	

Christus.

fréa 7, 5 (s. o.)	Cri. An.
sóð sigora waldend Crist 7, 1.	*sigora waldend* Ph. 464. *sigora sellend* Jul. 668. 705.
(án) sunu 81, 10.	*(ancenned) sunu* Cri. 464. An. 1686.
(mǽre) meotudes barn 81, 11. *þæt hýhste mægen /háliges gástes/* 81, 12.	*(mihtig)* m. b. Cri. 126. —

Himmel und Gestirne.

heofon (héah) 41, 4. 22. 67, 6.	Jul. Cri. El.
rodor 14, 7. 56, 5.	Jul. Cri. El.
(rodera) ceaster 60, 16.	*ceaster* Cri. 578.
godes ealdorburg 60, 15.	*(þeodnes burg* Cri. 553).

wuldres êðel 67, 7.

engla eard 67, 8.
  a. *sunne* b. *môna*.
dægcondel 88, 26.

wrêð gæst 41, 41.

helwara burg 56, 6.

hel 40, 20. 67, 6.
wráðscræf 41, 41.

Erde.

eorðe 36, 1. 41, 1. 42, 6 u. ö.
  a. *folde* 32, 2. b. *hrúse* 32, 4 u. ö.
  a. *grund* 22, 2. b. *middangeard*
    22, 1 etc.
éðelstól hæleða 4, 7.
ymbhwyrft 41, 7. 15. 42.
wong (gréna) 41, 83.

sálwong 4, 2. 20, 3.
wunderworuld 40, 17 á. λ.

sǽ 4, 29. 67, 3. 76, 1.
mere 23, 5.
brim 3, 13. 11, 7.
flôd 4, 19. 8, 9. 15, 7 u. ö.
  a. *holm* 2, 10 b. *gifen* 3, 3.
  a. *sund* 11, 3 b. *ýð* 17, 9.
    61, 6 u. ö.
wǽg 11, 10. 17, 1. 34, 1.
lagu 4, 11. 23, 16.
stréam 3, 6. 14. 4, 70. 23, 8.
  79, 8.

(engla ê. An. 525. *ê. engla
dréames* Cri. 1343).
Cri. 646.
  a. Jul. Cri. b. Cri.
An. 837.

Hölle, Teufel.

(wérig g. Cri. 363. *wráðe
wræcmæcgas* Gu. 530.)
féonda b. Cri. 569. — *h.* Cri.
286. 731.
Cri. El.

—

Jul. Cri. El. Ph. Gu. An.
  a. Jul. Cri. El. b. Cri. El.
  a. Ap. Jul. Cri. El. b. Jul.
    Cri. Ph. An.
(é. engla Cri. 52).
Jul. 113. El. 731.
wong gréne Gu. 718. *w.*: El.
  Ph. An.
(wilwong Ph. 89.)

—

Meer.

Cri. El. Ph. Gu. An.
An. 221. 283. 465. 491.
El. An.
Cri. El. An.
  a. Cri. El. An. b. El. Ph. An.
  a. Cri. El. An. b. Cri. El.

Jul. Cri. El. An.
El. Ph. An.
Jul. Cri. El. Ph. An.

earh 4, 22.
wæter 11, 1.
a. *merestréam* 67, 9. b. *merefaroð* 61, 2.
seolhbæð 11, 11.
(atol) ýða geþræc 3, 2. 23, 7.
ýða hrycg 4, 33.
gârsecg 3, 3. 41, 93.
firgenstréam 11, 2.
gedreag (déop) 7, 10.
(héah) geþring 4, 27.
hwælmere 3, 5.
lagustréam 4, 38.
laguflôd 59, 12.
Ohne Entsprechung: *dûn, holmmægen, sundhelm, stréamge-
winn, hôpgehnâst, lagufæðm*
(ἀπ. λεγ.); auch sonst belegt, wenn auch nicht in
CW.: *sǽgrund, flôdweg.*[1] —

Men
Ueberall belegt: *man, wer,
guma, hæleð.*
ylde 6, 6. 34, 11 u. ö.
niðða bearn 58, 6.
ælda bearn 81, 26. 89, 10.
hæleða bearn 41, 96.
dryhta bearn 47, 4.

worldbearn 81, 27 (á. λ.), *wera
b.* 27, 18.
gæstberend 21, 8.
feorhberend 40, 6. *londbúend*
89, 11.

_____
[1] Dies Wort (nur 37, 9 bele
foldweg.

eorðbüend 30, 8.	Cri. 422. 719. 1324.
foldbüend 2, 13.	Cri. 868. 1178. El. 1014. Gu. 35.
moncynn 33, 9. 40, 2. 41, 27.	Ap. Cri. Ph. Gu. An.
dryhte 13, 15. 29, 7. 51, 2.	Ph. 334.
þéod 72, 12.	Cri. El. Ph. Gu. An.
werþéod 81, 35.	Ap. Jul. Cri. El. An.
mægen 81, 8. 27.	Jul. Cri. El. Gu. An.
mengo 21, 12.	Jul. Cri. El. Gu. An.
gemang 32, 4. 11.	Jul. El. Ph. An.
here 78, 8.	Ap. Jul. Cri. El. An.
folcscipe, gumcynn (ἁπ. λεγ.).	—

Waffen und Kampf.

sweord (goldhilted) 56, 14.	Ap. Cr. El. Gu. An.
a. *bil* 6, 2. b. *ecg* 4, 42. 6, 3.	a. El. An. b. El. An.
27, 6. 34, 4.	
wǣpen 4, 52. 21, 17. 56. 12.	Ap. Jul. Cri. El. Ph. Gu. An.
isern 6, 1. 59, 9. 71, 13. 88, 11.	fehlt in CW.
homera láf 6, 7. *láf fýres and*	—
féole 70, 3.	
hamulweorc smiða 6, 8. 21, 7.	—
máðm 56, 13.	—
a. *wesc* 23, 11. b. *daroð* 57, 4.	a. An. 1099. b. Jul. 68. El. 140.
hildepil 16, 28; 18, 6. *searopil*	á. λ. —
87, 2.	
flán 4, 57.	El. 117.
flángeweorc 57, 12 (Conjectur)	Cri. 676.
beadweǣpen 16, 3; 18, 8. *ongu*	á. λ. —
24, 4.	
strǣl 4, 56.	Cri. 765. 779. An. 1191.
ord 18, 8. 61, 12. 76, 6.	Jul. Cri. El. An.
áttor 24, 9.	Jul. 471. Cri. 768. An. 1333.
áttorspere 18, 9 á. λ.	—
gúð 21, 19. 25.	Cri. 674. Jul. 397. El. 23.
	An. 953. 1489.
gúðgewinn 6, 5.	An. 217.

hild 15, 4. 34, 5.
wig 6, 3. 16, 23.
feohte 6, 4.
gewin 17, 4. 21, 1. 24, 2.
aglic 4, 7. 79, 6. 88, 17.
a. *nið* 7, 4. b. *comp* 7, 2.
21, 35.
sacu 4, 29. 17, 1. 85, 21.
orlege 4, 59.

fæhð 30, 11.
earhjaru 36, 13 (Leid. Räths.).

beaduweorc 6, 2. *guðgemót* 16, 26.

Sc

scip 59, 4.
naca 59, 5 (*nægledbord*).
ceol 4, 28. 19, 4. 34, 2.
wudu 4, 24. 11, 5.

merehengest 15, 6.

———

Diese Sammlung von S;
Resultat wie die Untersuchun,
Räthsel zeigen auch hier eine
der älteren Dichtungen, hab
characteristische Bezeichnunge
Als Beispiele seien angeführt
on riht cyning, onwealda, rece
and ende, metodes sunu (nur D
für Meer: *seolhbæð, merejaroð*

hwælnere. Alle diese Worte, die obigen geringen Aus-
nahmen abgerechnet, fehlen durchweg den Dichtungen aus
dem Cædmon'schen Kreise und legen von Neuem den Schluss
nahe, dass die Räthsel und die Werke Cynewulfs von einem
Verfasser herrühren.

III.

In seiner Abhandlung über die Legende vom h. Andreas
(Anglia II, 441 ff.) hat A. Fritzsche dargelegt, in welcher
Weise Cynewulf seine Quellen zu benutzen pflegt. Fritzsche's
Kriterien sind durch die Forschungen von Gloede (Angl. IX,
271. XI, 146 ff.) nicht wesentlich modificirt worden. Allerdings hat G. mit Recht hervorgehoben, dass die genaue
Fassung der Quellen, welche den ae. Legenden zu Grunde
liegen, noch nicht gefunden ist. Auch ist es richtig, dass F.
seine Schlüsse etwas einseitig aus der Betrachtung eines
Gedichtes (der Juliane) gezogen hat: dass ferner seine Be-
hauptung, der Dichter kürze den Dialog und vermeide so die
Wiederholung der die Rede einführenden Formelverse, sich
nicht halten lässt, wenn man das Verhältniss der Elenen-
legende zu ihrer Quelle berücksichtigt. Trotzdem glaube ich,
dass die Mehrzahl der Kriterien von F., die ja auch in ihrer
Gültigkeit nicht angegriffen worden sind, bei der Vergleichung
der Räthsel mit ihren Vorlagen zur Anwendung kommen
dürfen. Freilich liegt in unserem Falle die Sache nicht so
einfach wie bei den Legenden, wo der Dichter einer fort-
laufenden Erzählung beständig zu folgen in der Lage ist. Es
hatte aber schon Dietrich in der Ztschr. f. d. A. IX, 193 ff.
bezüglich des Crîst nachgewiesen, dass Cy. hier keine einheit-
liche Quelle gehabt haben könne, sondern verschiedene Bibel-
stellen und einige Homilieen Gregor's und zwar in ganz freier
Weise benutzt habe. Ebenso kann bei den Räthseln von

einem durchgehends genauen Anschluss an bestimmte Vorlagen
nicht gesprochen werden. Nach den bisherigen Untersuchungen [1]) steht fest, dass einige wenige unter ihnen allerdings wörtliche Uebersetzungen aus dem Lateinischen sind,
andere sich nur in einzelnen Zügen und Wendungen an die
lateinischen Räthsel anschliessen, während die Mehrzahl wohl
in der volksthümlichen Tradition ihre Wurzeln hat [2]), aus der
die Dichter der latein. wie der der ae. Räthsel unabhängig
von einander geschöpft haben können. Wir haben also
zunächst zu sehen, wie sich diese Nachbildungen latein. Räthsel
zu ihren Quellen verhalten; im Uebrigen werden wir uns aber
begnügen müssen, characteristische Einzelheiten und Schilderungen herauszuheben und zu untersuchen, wie der Räthseldichter, wie Cynewulf die gleichen oder ähnliche Gegenstände
angesehen, wie beide bestimmte Situationen dichterisch gestaltet
haben.

Am meisten lehnen sich an ihre Verlage an das 36.
(der Panzer) und das 41. Räthsel (die Schöpfung). Was das
letztere betrifft, so haben wir bereits gesehen, dass es dem
Räthsel des Aldhelm, De creatura (No. XIII) Zeile für Zeile
folgt. Bemerkenswerth ist dabei, wie der Dichter die zahlreichen classischen Anspielungen und Ausdrücke beseitigt
und durch solche ersetzt, die seinen Landsleuten geläufig
waren. Er verfährt dabei ähnlich wie Cynewulf, der z. B.
in der Juliane an vielen Stellen seiner Darstellung ein

---

[1]) Vgl. *J. H. Kirkland, a study of the anglo-saxon poem 'the
harrowing of hell'*, S. 25 ff. (Halle 1885), dessen Eintheilung ich mich
im Folgenden anschliesse. Dass es verkehrt ist, für jedes Räthsel eine
lat. Quelle nachweisen zu wollen, wie Prehn es thut, hat Zupitza (DLZ.
1884, Sp. 872) betont.

[2]) Dies wird besonders dann der Fall sein, wenn ein Räthsel von
ähnlichem Inhalt auch in anderen fernliegenden Literaturen sich findet.
Vgl. z. B. No. 23 vom Jahr und seinen Monaten und die dazu von
Wackernagel (Z. f. d. A. 3, 32) gegebenen Parallelen; auch Haug, Über
die Räthselsprüche im Rigveda (Münch. Sitz. Ber., phil. hist. Kl., 1875,
Bd. II, 457 ff.). Ferner das 87. Räthsel von der trächtigen Sau und
das entsprechende in der Hervararsaga etc.

nationales Colorit gibt (vgl. Ebert, Allg. Gesch. der Lit. des Ma. III, 54). So entspricht Aldhelm v. 13: *Prorsus odorato thure fragrantior halans Olfactum Ambrosiae:* Rä. 41, 23 *ic eom on stence strengre [micle] þonne ricels oððe róse sý.* Aehnlich: *Dulcior in palato quam lenti nectaris haustus* Aldh. v. 31 und: *ic eom on góman géna swétra þonne þú béobréad blende mid hunige* Rä. v. 58. — Aldh. v. 67 *aut modico Phoebi radiis qui vivit atomo* hat er wegen des heidnischen Götternamens, mit dem er hier wohl nichts anzufangen wusste, ausgelassen, während allerdings anderswo Vulcanus und Zephyrus auftreten, dieser mit einem erklärenden Zusatz. Von ähnlichen Entsprechungen sind noch zu nennen: *Tonantis* A. 21 = *héahcyning* R. 38; *more Cyclopum* A. 31 = *ealdum þyrse* R. 63; *tetra Tartara* A. 22 = *wom wracscrafu wráðra gésta* R. 41.

Nicht anders als mit dem eben besprochenen verhält es sich mit dem 36. Räthsel. Auch hier finden wir engsten wörtlichen Anschluss an die Quelle (Aldhelm IV, 3, De lorica) so zwar, dass jeder latein. Vers durch zwei ae. wiedergegeben wird. Nur hat der Dichter diesmal keinen Anlass gehabt, Aenderungen an seiner Vorlage vorzunehmen, um sie seinen Zuhörern verständlicher zu machen. Höchstens wäre dahin zu rechnen, dass er an die Stelle der 'Seres vermes' des Aldhelm die durch Schicksalskräfte webenden Schlangen setzt. (Prehn a. a. O. S. 66 u. Anm.) Was diese zwei Räthsel von den übrigen scheidet, ist der Umstand, dass die metrische Gliederung mit der syntactischen ganz zusammenfällt, während sonst die Regel besteht, dass beide sich kreuzen (Rieger in Zacher's Ztschr. VII. 45). Damit hängt zusammen die Seltenheit der Variation [1]), die sonst so oft zur Ausfüllung von Versen dient und zu neuen Gedanken überleitet.

---

[1]) Die Verse 86, 13, 14, in denen eine Variation vorkommt, stehen nur in der ws. Fassung des Räthsels, nicht in der north. des Leidener Codex, die als die ursprüngliche zu betrachten ist. Dies geht schon aus der Uebereinstimmung mit dem letzten Verse von Aldhelm's Räthsel hervor. Vgl. Dietrich, Cyn. poet. ætas S. 22.

Bei dem 27. und 48. Räthsel bewegt sich der Dichter
schon etwas selbständiger. Das erste von beiden ist in seinem
Anfang von den Quellen noch ganz abhängig, die ersten Verse
sind eine genaue Wiedergabe von Tatwine, De membrano
5, 1. 2. Jedoch gegen das Ende hin befreit er sich ganz
von dem Einflusse des Lateinischen; in längerer Ausführung
— und bekanntlich ist diese Betonung des christlichen Elements
grade für Cy. characteristisch — verbreitet er sich über die
segensreiche Wirkung des heiligen Buches, wie die, welche
dessen Lehren folgen, zahlreiche treue und liebende Freunde
hier auf Erden erwerben und alles irdische Glück geniessen.
Das 48. Räthsel erweist sich als eine erweiternde, aber
durchaus nicht sklavische Uebersetzung des Symphosius, wobei
wie in 36 jedem lateinischen Verse zwei im ae. Texte ent-
sprechen. Neue Seiten hat er hier seinem Gegenstande
allerdings nicht abzugewinnen vermocht.

Eine in dieser Weise fortgesetzte Betrachtung würde uns
ein Bild von der Entwicklung der Räthselpoesie geben, indem
gezeigt würde, wie der Dichter immer mehr aus dem Kreise
der gelehrten Poesie heraustritt, seine Gegenstände immer
volksthümlicher zu gestalten und sich zugleich formell zu ver-
vollkommnen weiss. [1]) Diese Untersuchung ist aber darum
für unsere Zwecke nicht sehr aussichtsvoll, weil, wie wir ge-

---

[1]) Es ist lehrreich zu verfolgen, wie in den Rä. Abhängigkeit
vom Original mit technischem Ungeschick Hand in Hand geht. Ein
Beispiel davon haben wir bei No. 41 gehabt, ein zweites bietet No. 39
(vom Stier). Die beiden letzten Verse sind wörtlich aus Eusebius
(37, De octulo) genommen. Zu diesen leitet v. 5 über, dessen zweite
Hälfte genau dasselbe sagt wie die erste. Ausserdem liegt die metrische
Betonung auf me, das logisch ganz unbetont ist; aber der Dichter
brauchte es als dritten Stab. Ueber die Verwendung der Pronomina
als Stäbe cf. Schubert, De Anglo-Saxonum arte metrica (Berlin 1870),
S. 10. Er gibt dort nicht weniger als sieben Beispiele aus der Juliane,
also der frühesten Legendendichtung Cynewulf's, in denen das Pronomen
den Ton trägt, aus Crist, Gûðlâc und Andreas nur je eines. In der
Elene ist mir kein sicherer Fall dieser Art aufgestossen.

sehen haben, bei den meisten Räthseln sich wenige oder gar keine Anknüpfungspuncte an lateinische Originale auffinden lassen. Statt dessen wird es angebracht sein, gewisse characteristische Einzelzüge in den Räthseln und bei Cy. mit einander zu vergleichen. Zunächst wäre auf Dinge hinzuweisen, welche den Stoff zu Räthseln geliefert haben und die auch Cynewulf mit Vorliebe behandelt. Es ist bekannt, dass kaum etwas seine Phantasie lebhafter und nachhaltiger anregt als Kampf und Seefahrt, und Schilderungen dieser Art gehören zu den gelungensten Partieen in seinen Werken. Auch unter den Räthseln gibt es eine ganze Reihe, in denen theils kriegerisches Leben, theils die Stürme und Gefahren des Meeres mit lebhaften Farben gemalt werden. In die erste Kategorie gehören die Räthsel 6 (Schild), 18 (Wurfmaschine), 21 (Schwert), 24 (Bogen), 36 (Panzerhemd), 54 (Mauerbrecher), 72 (Lanze); zu der zweiten 11 (Seefurche), 17 (Anker), 33 (Schiff), 34 (Eisscholle) und vor allem die Räthsel 2, 3 und 4 (Sturm zu Wasser und zu Lande). Diese letzteren zeigen ganz besonders viele Anklänge an Cynewulf's Manier und sollen uns hier vor Allem beschäftigen. Zwei Puncte sind es, die als für Cynewulf bezeichnend hier in Betracht kommen. Der eine an sich unbedeutende ist die stets wiederkehrende Erwähnung von dem Anschlagen der Wogen an die Uferfelsen oder die Schiffswand. So heisst es An. 239: *béoton brimstréamas*, ferner 441: *éagorstréamas béoton bordstœðu*, ebenso 495: *strêamwelm hweleð, béatað brimstaðo*, endlich 1544: *hréoh wœs þœr inne béatende brim*; desgleichen in der Elene 238: *bord oft onfeng ofer earhgeblond ýða swengas*. Damit vergleiche man die Stellen in den Räthseln: *strêamas staðu béatað* 3, 6 (ähnlich 79, 8): *ic sceal . . . tó staðe þýran flintgrœgne flód* 4, 19. Diese Zusammenstellung würde wenig beweisen, wenn es nicht feststände, dass dieser Zug an den entsprechenden Stellen in anderen ae. Dichtungen fehlt, so z. B. in dem Bericht über die Sintflut Gen. 1371 ff. (den mit der Darstellung Cy.'s im An. 1525 ff. zu vergleichen ein besonderes

Interesse gewährt): ferner auch im Beowulf 1374 [1]) und
ebenso in der glänzenden Schilderung der Exodus (454 ff.).
Nur im Seefahrer (v. 23) und im Wanderer (v. 101) finden
sich ähnliche Ausdrücke, aber diese Gedichte sind keinesfalls
älter als Cy.'s Werke.

Noch wichtiger, weil für die Anschauungen des Dichters bezeichnender, ist der zweite Punct. In einer Stelle der
Elene (1272—77), auf die schon Dietrich hingewiesen hatte,
findet sich die Vorstellung vom Sturme, der, wenn er ausge-
rast hat, von einer höheren Gewalt eng in sein Gefängniss
eingeschlossen und gewaltsam unterdrückt wird. Damit vergleichen sich wieder Stellen wie An. 435: *wæteregesa sceal
geþýd and geþreatod þurh þrýðcyning, lagu lácende liðra
wyrðan:* und 519: *se þe brimu bindeð, brúne góa, þýð and
þreatað.* Hierzu stimmt zum Theil wörtlich [2]) die Darstellung, die in den drei Räthseln vom Sturme gegeben wird.
Vgl. z. B.: *þonne he jor hæleðum hlúd ástigeð* El. 1273.
und: *þonne ic ástige strong* 2, 3. Ausserdem *wædeð be
wolcnum, wædende færeð* 1274 und: *stundum réðe, þrymful
þunie, jére geond joldan* 2, 4. Wenn dann 3, 10 derselbe
Gedanke negativ gefasst ist *(sundhelme ne mæg losian, ær mec
láte þe min látteow bið),* so ist zu Anfang des 4. Räthsels die
Idee vom gefesselten Sturm noch weiter ausgeführt. Es heisst
da: *hwilum mec min fréa fæste genearwað, sendeð .. under
sálwonge and on bid wriceð ... þráfað on þýstrum þrymma
sumne, hætst on enge* u. s. w. Dann wird v. 12 ff. gesagt:
*óð þæt ic oj enge upp áþringe, ejne swá mec wisað, se mec
wræðe on æt frumsceafte jurðum legde, bende and clomme.*

---

[1]) Diese Stelle ist bemerkenswerth wegen des eigenthümlichen
Bildes 'roderas réotað'. Vgl. F. Gummere, *the A. S. metaphor,* S. 17:
'*The roderas réotað (1376) has a sympathy, but only a general, external
sympathy with Hróðgár's feelings*'. Es ist dies ein gradezu modern zu
nennender Zug, denn diese Theilnahme der Natur an den menschlichen
Leiden ist ja sonst der altgerman. Dichtung fremd.

[2]) Vgl. *blácan lige* 4, 44 = An. 1543 und *stréamas styrgan*
4, 18. 70 = An. 874.

— Man sieht, wie diese merkwürdige Anschauung, die nicht
sowohl auf antikem Einfluss als auf alter mythischer Grundlage beruht (Myth.[4] S. 553), sich dem Geiste des Dichters
immer wieder auf's Neue aufdrängte, und da sich Parallelen
hierzu in ae. Gedichten nirgendwo nachweisen lassen, ist wohl
auch hierdurch wieder die Annahme gerechtfertigt, dass Cy.
und der Räthseldichter dieselbe Person sind. Wiederum
scheint mir die Annahme eines Nachahmers unstatthaft. Es
ist schon vorher (S. 18) betont worden, dass ein weltlicher
Dichter kaum Anlass gefunden hätte, seine Muster in der
geistlichen Poesie zu suchen. Vollends ungereimt aber wäre
es, etwa Cy. als Nachahmer des Räthseldichters auffassen zu
wollen. Grade für den rein subjectiven Abschnitt in der
Elene, dem Werke, in dem er seine höchste dichterische Kraft
entfaltet, kann ihm unmöglich irgend ein Vorbild vorge-
schwebt haben. Am natürlichsten ist es zu glauben, dass
sich ihm hier alte, oft von ihm wiederholte Gedanken von
Neuem aufdrängen.

Bleiben wir also bei dieser Annahme stehen, so müssen
wir uns weiter darüber klar werden, dass diese Gedichte auch
auf ihren ästhetischen Werth hin betrachtet, Cynewulf's
keineswegs unwürdig sind. Ich möchte diese drei Räthsel
gradezu als den Abschluss und eigentlichen Höhepunct der
Räthseldichtung bezeichnen, und unter ihnen nimmt wieder
das vierte durch das Uebersichtliche der Composition, durch
die Kraft und Anschaulichkeit der Darstellung und den
Reichthum an Bildern den ersten Rang ein. Es berührt sich
mit dem 41., das, wie wir gezeigt haben, an den Anfang der
ganzen Reihe zu stellen ist, insofern, als auch hier kein eigent-
liches Räthsel vorliegt; nur waltet der Unterschied ob, dass.
während dort der Dichter seiner Vorlage sklavisch folgend
die Einzelheiten unkünstlerisch häufte, wir es hier mit einer
anscheinend ganz selbständigen Leistung in Form einer glänzenden Naturschilderung zu thun haben, deren Gegenstand sich
dem Rathenden ohne Mühe von selbst ergibt. 'Solche pitto-
reske, ganz von der Phantasie dictirte Räthsel wollen der

Lösung auch keine Schwierigkeit biet
nicht an den Verstand wenden.' (El
Was insbesondere die Composition de:
so scheint es, als ob auch darin ein
Cy.'s sich wiederfindet. Es lässt sich
dass er seine Darstellung durch gewisse
male gliedert, um seine Eintheilung recl
zu lassen. So in einer Stelle des Crî
sich um die Freuden der Seligen un(
dammten handelt: *án is ærest — óðe.*
bið þridde, wobei sogar ein jeder The
fasst. Ebenso 1269 *(án),* 1273 *(óðer)*
vergleiche noch die Stelle, wo von
Sprüngen Christi die Rede ist (v. 72(
v. 1286, 1289, 1295, 1298, wo das Scl
dem Tode beschrieben wird.[1]) In ähı
der Dichter des vierten Räthsels vo
scharf von einander abgegrenzte Theil‹
schildert ein Erdbeben, der zweite beina‘
einen Sturm zur See, der dritte (36—
auf dem Lande. Jeder dieser drei ˹
eingeleitet; dann folgt 67—74 noch
fassung und Uebersicht des Inhalts,
forderung zum Rathen. Offenbar ist
dicht mit bewusster Absicht so sch‹
Ueberblick zu erleichtern; also auch
haft eine Uebereinstimmung mit der .
   Nachdem schon an einer früheı
deutet worden ist, wie der Räthseldicl
Fremdes durch Heimisches, antike Vc
liche zu ersetzen, mit Cy. begegnet, l
zu untersuchen, welche Rolle das ch

---

[1]) Hierher ziehe ich auch El. 131 ff.
healfcwice flugon — sume drenc fornam), v
kurz berichtet (Angl. IX, 277).

Räthseldichtung überhaupt spielt. Dass einige spezifisch kirchliche Räthsel [1]) sich finden, will gegenüber den vielen rein weltlichen wenig besagen. Wichtiger ist es schon, wenn das christliche Element da eingeführt ist, wo die Quelle nichts Entsprechendes bietet, wie in 82 *(unc dryhten scôp sið œtsomne)* oder 48, wo in der Quelle von einem Buche schlechthin die Rede ist, die ae. Fassung aber von einer 'durchlauchtigen Rede' (also wohl der Bibel) und einer 'Stätte des Starken' spricht: genau so wie in 27 der Gegenstand eine theologische Wendung erhält, welche die Quelle nicht hat. Ferner sind hier anzuführen Stellen wie 12, 9 *(siððan héah bringeð horda déorast)* oder 56, 5 *(róde tâcn, þœs ús tó roderum upp hlædre rærde)* u. a. m.

Schliesslich wäre noch eines Zuges zu gedenken, den Cy. stark hervorzuheben pflegt: das strenge Dienst- und Unterthanenverhältniss, das durch die altgermanische Sitte gefordert war. Am weitesten ist dies wohl im letzten, allgemein als ächt anerkannten Theil des Gûðlâc ausgeführt; in gleicher Weise spricht es sich in dem Verhältniss der Elene zu ihrem Sohne aus. Eine Reihe von Belegen für dieselbe Auffassung bieten nun auch die Räthsel:

5: *ic sceal þrágbysig þegne mínum . . . hýran georne.*

7: *nœte mid niðe, þonne mec min fréa feohtan háteð.*

21, 24: *me bið forð witod, gif ic fréan hýre,*
       gûðe fremme, swâ ic giena dyde
       mínum þéodne on þonc.

44, 3:   *þâm se grimma ne mœg*
       hungor sceððan ne se háta þurst . . .
       gif him árlice esne þénað,
       se ágán sceal [his geongorscipe].

59: *life ne gielpeð, hláfordes gifum,*
       hýreð swa þéana þéodne sínum.

---

[1]) Es sind dahin zu rechnen: No. 44 (Leib und Seele), No. 47 (Lot und seine Töchter) und die sehr ähnlichen 49 und 60 (Abendmahlsgeräth).

78: *ic eom œðelinges eaxlgesteulla,*
fyrdrinces gefara, frean minum leof.
87: *þonne ic sceal . . . . forð áscúfan, þæt frean mines*
móðwén freoðað middelnihtum.

Hiermit wären wir mit der Aufzählung solcher Einzelzüge zu Ende. Mögen auch einzelne der genannten Puncte von geringerem Gewicht sein, in Verbindung mit den andern weisen sie mit Entschiedenheit auf die wiederholt behauptete Identität der beiden Dichter hin.

Wenden wir uns nun der Betrachtung der stilistischen Mittel zu, die der Dichter angewandt hat, so fällt vor Allem ins Auge, welch wichtige Rolle die Personification spielt. Dass in ihrer Durchführung ein grosses und wesentliches Verdienst des Angelsachsen gegenüber seinen Vorgängern besteht, ist des öfteren bemerkt worden. Während in den latein. Räthseln sprach- und leblose, zum Theil abstracte Gegenstände redend eingeführt werden, ohne dass der Zwiespalt zwischen ihrem Wesen und ihrem Auftreten künstlerisch aufgehoben wird, weiss unser Dichter diese Schwierigkeit geschickt zu umgehen, indem er sie theils handelnd, theils leidend vor uns erscheinen lässt, ihnen menschliche Empfindungen und Leidenschaften verleiht und sie auf diese Weise unserem Interesse näher bringt. Bei jenen ist das Räthsel lediglich ein Spiel des Verstandes, oft ist es nur zu lehrhaften Zwecken verfasst; bei ihm hat die Phantasie gebührenden Antheil an der dichterischen Gestaltung, und sein Zweck ist Belebung der geselligen Unterhaltung. Natürlich walten unter den Räthseln auch insofern Verschiedenheiten ob, als manchmal die Personification wenig oder gar nicht durchgeführt ist. Als besonders gelungen sind zu bezeichnen: No. 6 (Schild), 16 (Dachs), 21 (Schwert), aus der zweiten Reihe 85 (Hirschhorn) und 88 (Tintenfass).

Die directe Rede[1]) findet sich begreiflicherweise selten:

---

[1]) Im Folgenden benutze ich wieder die dankenswerthe Zusammenstellung von G. Jansen im zweiten Theile seiner Arbeit.

34, 9—14, wo die Eisscholle über ihr Geschlecht Auskunft
gibt; 39, 6 (ungeschickt eingeführt, s. o. S. 29, Anm.); 49, 5
gehǣle mec helpend gǣsta. Hierher gehören auch die häufigen
Anreden am Schlusse der Räthsel: vgl. Jansen S. 94, 95.
Selten ist auch die rhetorische Frage: *hwá gestilleð þæt?*
4, 35: dann der Eingang von 2: *hwylc is hæleða þæs horsc
and þæs hygecræftig?* Es ist zu beachten, dass diese Form
nur in den ersten, besonders vollendeten Räthseln vorkommt.
Auch für den Ausruf finde ich nur zwei Beispiele: *wá
him þæs þeawes* 12, 8: *rýne ongietan . . . gliawe beþencan* 49, 6.
Das Asyndeton ist ungemein häufig (Jansen S. 105):
5, 1. 10, 9. 11, 1. 18, 9. 20, 1. 21, 1 u. ö. Als besonders
wirksam ist seine Anwendung bei der Schilderung des Sturmes
im 2. Rätsel zu nennen, die in der erwähnten Stelle der
Exodus oder im Andreas (370 ff. 1525 ff.) ihr Gegenstück
findet. Etwas seltener ist das Polysyndeton: vgl. 27, 15.
37, 7. 56, 9. 89, 9. Hierher dürfte auch die Stelle 23, 13
gehören, die Jansen S. 96 irrthümlich als Beispiel für die
Anaphora anführt: *swá hine oxa ne teah ne esna mægen ne
fæthengest ne on flóde swom* etc. Asyndeton und Polysyndeton
erscheinen vereinigt 27, 18—26.
Die Zergliederung ist ebenfalls nicht selten: sie dient
durchaus nicht so oft wie in andern Gedichten blos zur Vers-
füllung. Beispiele 6, 14. 8, 9. 10, 12. 15, 2. 16, 22. 27, 22.
31, 5. 41, 52. 47, 7. 67, 9. In der ersten Vershälfte erscheinen dann oft Reimformeln wie *flód and folde, weras
and wif.*
Dagegen ist der pleonastische Ausdruck, wie er sich
z. B. 9, 1. 19, 1. 41, 73. 56, 16. 60, 5. 64, 4. 81, 29. 83, 2.
findet, nur dazu bestimmt, zu einem vorhandenen Stabwort
einen zweiten Reim zu liefern.
Die Cumulation berührt sich einerseits mit der Zergliederung, andrerseits mit der so häufigen Form der Variation.
Beispiele aus den Räthseln sind: 3, 5. 4, 9. 27, 1. 35, 7.
41, 10. 85, 24.
Ueber Tautologie und Parallelismus, von denen die erstere

natürlich stärker vertreten ist, vgl. Jansens Beispielsammlung,
S. 60. 83. 89. Die Stelle, die er S. 97 als Anaphora nennt,
ist wohl auch hier einzureihen: *saga hwæt ic hätte oððe hwá
mec rêre, þonne ic restan ne mót oððe hwá mec stæððe, þonne
ic stille béom* 4, 72—74. Hier ist mit dem Parallelismus
Antithese verbunden.

Die Anaphora fasst Jansen S. 95 etwas zu weit: die
blosse Wiederholung von 'Zeitpartikeln und Konjunctionen'
fällt nicht unter diesen Begriff. Daher möchte ich auch das
von ihm angeführte Beispiel 25, 2—6 hier ausscheiden. Ein
gutes Beispiel der Anaphora bietet 40, 10—18: *ne hafað
hio fót ne folm . . . ne êagna [hafað] . . . ne múd hafað* etc.
Ausserdem 4, 24. 28. 33. 21, 8. 15, 32. 22, 9. 11. 81, 18 ff.
Die Epiphora ist wie auch bei Cy. spärlich vertreten:
Jansen (a. a. O.) gibt nur ein Beispiel: 16, 6. 11. Vergleiche dazu 83, 3. 7.

Wir kommen nun zu den verschiedenen Arten des tropischen Ausdrucks, von denen die Personification schon vorher
behandelt ist. Die Metapher ist, wie Jansen S. 113 für Cy.
gezeigt hat, stärker ausgebildet als die Metonymie. Was
die erstere betrifft, so überwiegen die Concreta, und dies erklärt sich ja von selbst aus der Beschaffenheit der Räthsel.
Von Metaphern für abstracte Dinge[1]) sind zu nennen: *on
þú grimman tíd* 4, 30: *deorc gebrecu* 4, 44: *þurh hlútterne dæg*
21, 7: *þurh scirne dæg* 59, 4: *deorcum (wonnum) nihtum* 13, 9.
85, 8: *se grimma hungor* 44, 2: *se háta þurst* 44, 3. Unter
den Metaphern für concrete Dinge sind die Umschreibungen
für Sturm und Meer besonders zahlreich, z. B. *gða gebræc*
3, 2: *lagustréama ful* 4, 38: *holmmægen* 3, 9., überhaupt der
grösste Theil der oben S. 22 aufgezählten Ausdrücke. Die
Schiffe — *won wægfatu* 4, 37 genannt — sollen *rídan gða
hrycgum* 4, 32. Der Sturm wird 4, 59 in einem prächtigen
Bilde als Kriegserreger vorgeführt, die Krieger sind die

---

[1]) Fälschlich ist hier von J. *heard seaxes ecg* 27, 5 citirt: das
Adjectiv hat die rein sinnliche Bedeutung.

Wolken (*hlóðgecrod* v. 63), die mit lautem Gekrach auf einander stossen; sie schwitzen Feuer aus (die Blitze, die mit Pfeilen verglichen werden), ein dunkler Saft fliesst ihnen aus dem Busen u. s. w. Ein modernes Bild ist es, wenn die Wogen mit Mauern (*weall* 4, 20) oder einem Berge (*dún* 4, 21) verglichen werden. Von der Auster heisst es: *sundhelm jédde mec* 76, 1 (derselbe Ausdruck 3, 10). Dass der Anker (17, 1. 4) mit den Wellen kämpfend gedacht wird, wäre eher als Personification denn als Metapher zu fassen. Ueberhaupt ist es manchmal schwer, zwischen diesen beiden Figuren die Grenze zu ziehen: so wenn der Dachs von seinen Kindern (*mægburg*) oder das Schwert von seiner Verwandtschaft redet (16, 8. 21, 20). Deutlicher ist die Metapher in *hylles hróf* 16, 27, die solchen Bezeichnungen wie *rodores hróf* Cri. 60, *wolcna hróf* El. 88 entspricht. Ferner ist die Vorstellung sinnfälliger, wenn von dem 'Beissen' des Schwertes statt vom Verwunden die Rede ist (6, 9. 88, 13): cf. *þurh sweordbite* Jul. 602. Ap. 34. Der Baum empfängt Wunden (*wearð gedolgod* 54, 6: *heaðoglemma feng, déopra dolga* 57, 3) u. a. m.

Die Metonymie steht in folgenden Fällen: *þær bið hlid wudu* 4, 24 (das Schiff statt der Mannschaft); dagegen steht 11, 3 *wudu* als der Stoff, aus dem das Schiff gebaut ist. Für Meer steht metonymisch: *héah geþring* 4, 27 oder *ðrop gedreag* 7, 10. Die Erde heisst *ðelstól hæleða* 4, 7; der Himmel *godes ealdorburg* 60, 15: *rodera ceaster* 60, 16: *engla eard* 67, 8. Für 'Schwert' dient als Bezeichnung *máðm* 56, 13: *isern* 6, 1. 71, 13: *homera láf* 6, 7[1]) und ähnliche Worte, worüber die Synonymik zu vergleichen ist. 'Gold' wird gebraucht zur Bezeichnung eines goldenen Ringes 60, 10, *fæted (wunden) gold* für einen Schatz 52, 7. 56, 3; eine andere Umschreibung für Gold ist *wrætlic weorc smiða* 27, 14. Das Land der Welschen heisst *mearcpaðas Wala* 71, 10.

Hier reihen sich am besten einige metonymische Um-

---

[1]) Vgl. auch A. S. Cook, a Latin Poetical Idiom in Old English: American Journal of Philology VI, 476.

schreibungen an, die in ihrer Art
dischen Skalden erinnern. Es sind di
(Holztaube) 9, 5. *hár holtes féond*
onga (Pfeil) 24, 4. *gores sunu* (Mi
clamme (mysterium ænigmatis) 43, 1
80, 6. *wulfes gehléða* (?) 88, 23. I
im Nordischen aufzufinden ist mir
Auch die Synecdoche bietet k
nungen. Der Theil tritt ein für das
erga dolg 6, 13: *réol* 19, 4. 34, 2: (
15, 7. 23, 6: *wægstæð* 23, 1: *æfter*
flet (Saal) 43, 5. 56, 2: *burgsalo*
Die Art steht statt der Gattung:
ebenso *juldbúende* 2, 13: *landbúende*
wráðe (Feinde) 15, 17: *grame* (dgl
(Pferd) 23, 17 (wie El. 1182): *wæpe*
Den besprochenen tropischen
gleichungen nahe, wie sie die epis
wendet. Am häufigsten sind diesell
in der Quelle vorgebildet) sowie i:
67. Räthsel. Eine Reihe kurzer '
und 81. Räthsel, vereinzelte Fälle
Da die Räthsel selbst eine Art vo
wird man weiter ausgeführte von
unabhängige Vergleiche in ihnen ni
Anhangsweise wären noch zw(
die, ohne ausschlaggebend zu sein
bisher angeführten Gründe zu vers
handelt sich hier zuerst um das
in den Räthseln. So wenig man
Runen in einem Gedicht auf Cynewi
darf, so wenig darf man, was Kluge

') Die Reime bei Cynewulf hat Lefè·
Arbeit gesammelt. Ich trage aus den Räth
rênfige: þéowige 13, 14. 15. *frætwed: ge(*
als reiner Reim zu bezeichnen (Sievers, F

hat, den Reim an sich als ein für Cynewulf characteristisches Merkmal hinstellen. Anders steht es aber, wenn sich erweisen lässt, dass in den hierher gehörigen Werken der Dichter offenbar bemüht gewesen ist, in mehreren Versen nach einander den Reim durchzuführen. In der Elene finden wir — von dem Eingang des Epilogs natürlich abgesehen — nach einander die Reime *gebrec: geþrǣc* 114 und *handgeswing: gring* 115, im Crist sogar in fünf auf einander folgenden Versen (591—595). Juliane fällt hier aus, doch ist zu beachten, dass ein beträchtlicher Theil der Legende verloren gegangen ist. Dagegen scheint im Andreas, für den Kluge es leugnet, ein entschiedener Ansatz zur Reimtechnik vorzuliegen in den Versen *hlyst ýst forgeaf, brimrád gebád, þá se beorg tohlád* 1588/89. Für den Phönix genügt es auf die Verse 53—55 hinzuweisen, an welche die Stelle Gu. 801/2 deutlich anklingt. Diesen Stellen treten nun zwei in den Räthseln zur Seite, die wie wenig andere das bewusste Streben nach dem Schmuck des Reimes bekunden (vgl. Kluge a. a. O. S. 436). Im 27. Räthsel finden wir zunächst ein ganzes System von Suffixreimen, erst mehrere Comparativformen v. 19—21, dann wiederum solche in anderem Casus v. 22, 23, endlich 3 Verbalformen v. 24—26 in der Cäsur reimend. In Rä. 29 stossen wir zuerst wieder auf drei Suffixreime, denen eine Reihe reiner Reime (sog. Schlagreime) folgt: daran schliesst sich noch ein Fall von Cäsurreim *(dryhta: wihta)*. Bezeichnend für diese wie die oben citirten Stellen ist es, dass der Dichter nicht im Stande ist, den Reim weiter durchzuführen und sich sehr bald genöthigt sieht, von dieser Form zurückzukommen. Es lässt sich also wohl kaum bestreiten, dass hier in den Räthseln Verhältnisse vorliegen, die ganz in Uebereinstimmung stehen mit dem sonst bei Cy. beobachteten.

Eine sehr viel weniger sichere Auskunft gewährt für unseren Zweck das jetzt folgende Kriterium der Reim- oder Zwillingsformeln. Dieselben sind in grosser Anzahl zusammengestellt von O. Hoffmann (Reimformeln im Westgermanischen,

Freiburg 1885) und R. M. Meyer (die altgerman. Poesie nach ihren formelhaften Elementen betrachtet, Berlin 1889). Hoffmann versucht, nachdem er den allen westgerman. Dialecten gemeinsamen Formelschatz ausgeschieden, aus den übrigbleibenden ae. Formeln für die Literaturgeschichte einige Ergebnisse zu gewinnen, ohne doch über deren Unsicherheit im Unklaren zu sein (vgl. hierzu Meyer a. a. O. S. 283 oben). Allerdings muss es Bedenken erregen, wenn wir sehen, dass Guðlác, Andreas und Phönix in Bezug auf die Reimformeln mit den sicheren Werken Cy.'s viel mehr Uebereinstimmung aufweisen, als diese unter einander. Immerhin scheint es angebracht, darauf hinzuweisen, dass auch vom Standpunct der Reimformeln aus uns nichts hindert, die Räthsel als ein Werk Cy.'s anzusprechen. Um nur Eines zu erwähnen: stimmt nicht die Formel *middangeard* und *mereátréamas* Rä. 67, 9 in ihrer Bildungsweise genau zu *middangeard* und *mœgenþrym*, die von Cy. vermuthlich nach einem Muster in der Exodus neu gebildet und in Crist, Juliane und Phönix belegt ist (vgl. Hoffmann S. 37)? Auf die nahe Berührung zwischen Andreas und den Räthseln sei hier abermals hingewiesen (*ór and ende, déor and dómgeorn* sind Formeln, die nur ihnen gemeinsam sind). —

Man muss zugestehen, dass die obige Zusammenstellung zum Beweise von Cynewulf's Verfasserschaft direct wenig beiträgt. Ihre Bedeutung besteht darin, dass gezeigt wird, wie in stylistischer Beziehung in den Räthseln kaum etwas vorkommt, das von seiner Manier abweicht, und dass die etwaigen Abweichungen durch den literarischen Character des Denkmals bedingt sind. Andrerseits haben wir in dem Verhältniss der Räthsel zu ihren Quellen — so weit sich solche nachweisen lassen — und in der Gemeinsamkeit verschiedener characteristischer Züge eine Stütze für die Annahme gefunden, dass die Räthsel Cynewulf mit grosser Wahrscheinlichkeit zuzuschreiben sind.

IV.

Nach den ergebnissreichen Untersuchungen von Sievers
über die Rhythmik des Alliterationsverses hat man bei der
Untersuchung ae. Gedichte der Metrik erhöhte Beachtung
geschenkt, und speciell bei Fragen nach der Verfasserschaft
ist ausschliesslich aus den metrischen Verhältnissen der betreffenden Werke das Urtheil geschöpft worden. Gewiss haben
diese Untersuchungen einen grossen Werth: einmal, weil sie
den Vorzug einer gewissen Objectivität haben, denn man ist
hier wie sonst selten in der Lage, die Ergebnisse greifbar
zahlenmässig vor Augen zu führen: dann aber, weil aus der
Metrik auf die Textgestaltung ziemlich sichere Schlüsse gezogen werden können. Dennoch darf die Bedeutung dieses
metrisch-sprachlichen Kriteriums nicht überschätzt werden.
Allzuleicht übersieht man die Möglichkeit, ja Wahrscheinlichkeit, dass die Sprache eines Dichters im Laufe seines Lebens
Veränderungen erleidet, sei es in Folge seiner Uebersiedelung
in ein anderes Dialectgebiet, sei es durch die weitere Entwicklung seines dichterischen Talents. [1]) Ausserdem hat man
ja schon vermuthet, dass man 'die Existenz einer von der
Prosasprache [also doch auch von der herkömmlichen Dialect-
eintheilung unabhängigen] Dichtersprache anzuerkennen habe'
(Sievers, Beitr. IX, 273, Anm.). Wenn man endlich in Betracht zieht, wie häufig die handschriftliche Ueberlieferung
verderbt und unzuverlässig ist, so wird es klar, dass die
metrischen und sprachlichen Verhältnisse für sich allein nicht
entscheidend sind, sondern dass sie erst, wenn sie mit anderen
Momenten übereinstimmen, die Richtung angeben, in der
unser Urtheil sich zu bewegen hat.

---

[1]) Hat doch z. B. Schiller in den Gedichten aus seiner ersten Periode
dialectische (schwäbische) Reime verwendet, deren er sich später durchaus enthalten hat.

Ich gehe hiernach zur Darstellung der Metrik in den Räthseln über. Meine Untersuchung erstreckt sich auf 1161 a- und 1159 b - Halbverse. Eine Reihe von ganzen und Halbzeilen musste ausgeschlossen bleiben, theils wegen lückenhafter Ueberlieferung, theils aus anderen Gründen. Diese werden am Schlusse besonders aufgeführt werden.

I. Zweite Halbzeile.

Typus A.

1) Voller Typus: ´ x | ⊥ x. a) ohne Auftact:
stundum réðe 2, 3. 6. 9. 11 etc. Summe 383, davon 25 mit Auflösung der Länge im ersten oder zweiten Fusse. Besonders zu bemerken: *mægen unlytel* 80, 12, wo das Adjectiv nach Ausweis von 41, 75 auf der zweiten Silbe den Ton hat; sonst könnte der Vers auch zum Typus D gehören. 4 Verse enthalten Formen der kurzsilbigen schwachen Verba 2. Klasse: *hæleðum bodige* 9, 10; *rincas laðige* 15, 16; *wunian longe* 41, 8; *ealle polige* 88, 17. In 20 Fällen wird der Halbvers durch ein viersilbiges Compositum ausgefüllt, in 10 Fällen steht das zweite Glied eines Compositums in der Senkung.

Erster Nebentypus: ´ x x | ´ x.
hlin bið on eorðan 2, 7. 14. 3, 3. 7. 4, 1. 37. 42 etc., insgesammt 189 Halbverse, darunter 37 mit Auflösung einer Länge, einer mit Auflösung beider Längen: *feore besnyðede* 27, 1. Nur vier Fälle eines Compositums mit Nebenton kommen vor: 4, 8. 58. 33, 10. 66, 2. Vgl. Typus E, 3b.

Zweiter Nebentypus: ´ x x x | ´ x.
swift ic eom on féðe 16, 2: cf. 22, 2. 25, 1. 31, 5 etc., im Ganzen 24 Beispiele, davon 6 mit Auflösung der ersten Länge.

b) mit Auftact.

Einsilbiger Auftact: *gewédum þeccan* 10, 4. *his ellen cyðde* 85, 22. Zweisilbiger Auftact: *gif ic stille weorðe* 17, 4. *se þe mé gesægde* 39, 5. — *ic ne gyme þæs compes* 21, 35. *þæt tréow wces on wynne* 54, 2. Ausserdem ist 56, 14 eine Umstellung nothwendig, weil sonst der Hauptstab an letzter Stelle stehen

würde: *nu me gieddes pysses.* Solche Fälle kommen in den
Räthseln noch öfter vor; Grein hat nur einmal gebessert (5, 8).
Im ganzen also 7 Fälle von Auftact.

2) Gekürzter Typus: $\angle$ x | $\smile$ x.

a) Zweites Glied eines Compositums in der Senkung:
hondweorc smiða 21, 7. *bidsteal giefed* 41, 19. *grundbedd trideð*
81, 24.

b) Ein stärker betontes einsilbiges Wort in der Senkung:
dyde eft ponan 27, 3. *wera gied sumes* 48, 3. *hond on legeð* 78, 4.

c) Unregelmässige Fälle[1]) sind: *dúna briceð* 39, 6. *bindeð*
cwice 39, 7. Ueber das 39. Räthsel vgl. das S. 29 Gesagte.
Es bleibt noch ein unsicherer Fall: *prágum wrœce* 2, 4. Sievers
(Btrg. X, 510 s. v. *prág*) schreibt *wrêce;* es wäre aber auch
wrœr(e)a (profugus, extorris) denkbar. Ferner gehören noch
hierher vom ersten Nebentypus die Verse *prý sind in naman*
59, 14. *wistum gehladen* 81, 16.

Im Ganzen haben wir 9 (+ 1) Verse dieser Art. — Die
Gesammtsumme der Verse des Typus A ist 620 + 1.

Typus B: x ' | x '.

1) Einsilbige zweite Senkung: a) mit Auftact.

pæt êr hiidas wréah 2, 12: cf. 3, 1. 4, 7. 13. 21 u. a.,
zusammen 158 Fälle, davon 16 mit Auflösung der ersten
oder zweiten Länge. Der Auftact ist meistens einsilbig, 26
Mal zwei-, 3 Mal dreisilbig: *pára pe ic hýran sceal* 4, 34
(Elision?). *gewiteð eft faran on weg* 40, 6. *ponne he tô hnisan*
cymeð 41, 55; einmal sogar viersilbig: *pára pe he of life hêt*
87, 10.

Schlecht überliefert ist der Vers *óð pæt me onhryrfdon*
72, 2. Auch hier sind wie oben in 56, 14 die beiden letzten
Worte umzustellen. In 21, 29 *se mec gearo on* acceptire ich
die Aenderung von Bosworth-Toller: *geára* (S. 368 a).

---

[1]) Cf. Beitr. X, 454. 458. 497.

b) ohne Auftact.

and wordum min 5, 11. Zusammen 26 Fälle, davon drei mit Auflösung einer Länge. Beachtung verdienen die Halbverse, in welchen Formen der schwachen Verba zweiter Klasse mit langer Stammsilbe vorkommen (cf. Btrg. X, 301). Es sind die folgenden: *and swinsiað* 8, 7. *oft wilniað* 50, 7, *þæt wáfiað* 81, 36. *gif him þegniað* 51, 6. In der Beurtheilung solcher Fälle hat man geschwankt; doch fällt in den obigen sicherlich die zweite Hebung auf die Endsilbe, weil sie ein stärkeres Tongewicht hat.

2) Zwei- und dreisilbige innere Senkung.

þu wást, gif þu const 37, 12. Ueberhaupt gibt es für zweisilbige innere Senkung 35 sichere Beispiele, für dreisilbige nur 4: 41, 26. 28. 94. 82, 3. Möglich wäre diese in den Halbzeilen: *hi béoð swiðran þonne ic* 17, 5; *ic eom lengre þonne ðr* 24, 7; doch wird hier Elision anzunehmen sein. Aus demselben Grunde sind vielleicht die Halbverse 43, 12. 44, 7. 60, 7. 76, 3. 78, 10 auszuscheiden, in denen gleichfalls Hiatus vorkommt. — Der Vers 4, 36 ist so herzustellen: *þæt mé rídeð on bæce* aus demselben Grunde wie vorher 56, 14 und 72, 2. Auch ist fraglich, ob der Halbvers *þæt mec bealdlíce mæg* 41, 16 hierher oder zu Typus E gehört; doch das Erstere ist wahrscheinlicher, da wir kein sicheres Beispiel von Typus E mit Auftact haben.

3) Zweite Glieder von Compositis in der inneren Senkung.

Es sind nur drei Fälle: *ic þæs nówiht wát* 12, 5. *þonne ymbhwyrft þes* 41, 42. *þonne wermód sý* 41, 60. Schon der erste Beleg ist zweifelhaft, weil *nówiht* vielleicht nicht mehr als Compositum gefühlt wurde. Dasselbe gilt von dem Worte *hláford*[1]), und die betreffenden Verse (22, 3. 15. 87, 9) sind darum besser zum Normaltypus zu stellen. — Gesammtzahl der Fälle im Typus B: 236 + 4.

---

[1]) Vgl. Frucht, Metrisches und Sprachliches zu Cynewulfs Elene, Juliane, Crist (Greifswald 1887), S. 78.

Typus C.

1) Voller Typus: x ⊥ | ! x. a) mit Auftact:

and þæs hygecræftig 2, 1. 8. 3, 8. 4, 2. 16. 18 etc., im
Ganzen 89 Halbverse, darunter 46 mit Auflösung der ersten
Hebung. Bei der zweiten Hebung kommt Auflösung gar
nicht vor (wie im Beowulf: Btrg. X, 414), ebensowenig Auflösung beider Längen (jedoch 6 Beispiele bei Cy.: Frucht
a. a. O. S. 17. 18). Zweisilbiger Auftact begegnet 11 mal,
dreisilbiger 1 mal (37, 9).

b) ohne Auftact.

Hier gilt die Regel, dass die erste Länge aufgelöst
wird, was in 36 Fällen geschieht. Nur 4 Mal unterbleibt
dies: 37, 7. 42, 3. 62, 3. 82, 4. In 87, 6 ist Umstellung
nöthig: *þæt fréan mines* (s. o.).

2) Gekürzter Typus: x ⊥ | ᴗ x a) mit Auftact.

hwá mec on sið wræce 2, 2: cf. 2, 15. 3, 15. 4, 3. 5. 6 u. s. w.,
zusammen 81 Fälle, darunter 17 mit zweisilbigem Auftact.
Unsicher sind darunter die Fälle, wo *þonne* vor vocalischem
Anlaut steht. Daher ist auch wohl 64, 2 nur zweisilbiger
Auftact anzunehmen *(þonne ic eom forð boren)*, dreisilbiger
30, 10 *(gewát hyre west þonan)*.

b) ohne Auftact.

þá déaðsperu 4, 53: ausserdem noch 9 Fälle. Auflösung
der Hebung scheint nicht vorzukommen, wenn man nicht
on wege faran 68, 1 nach Analogie von 37, 1 lesen will
(oder auch *féran?*). Als Vers ohne Auftact ist gewiss auch
swylc(e) án sunu 81, 10 anzusehen. Gesammtzahl des Typus
C: 220+2.

Typus D: ⊥ | ⊥ x x.

a) Erster Untertypus: ⊥ | ⊥ x x.

lond réafige 13, 14. cf. 30, 8. 11. 38, 2 etc., zusammen
15 Fälle, einer darunter mit Auflösung der ersten Hebung.
Auftactbildungen sind hier nicht zu verzeichnen. In drei
Fällen kommen Präsensformen schwacher Verba der 2. Klasse

vor, die auch zum 2. Untertypus gehören könnten: 13, 14.
41, 40. 57, 2. Unsicher ist: *dréag unstille* 52, 5, das man
auch als zu Typus A gehörig auffassen kann.

    b) Zweiter Untertypus: ⏑ | ′ x x̀.
Nur zwei Belege: *jell hongedon* 14, 3; *fréan unforcüð* 63, 2.

    c) Verkürzter Typus: ⏑ | ∪ x x.
Ein einziges Beispiel: *segnberendra* 41, 20.

    d) Erweiterter Typus: ′ x | ′ x x.
Halbverse dieser Art begegnen wohl im Beowulf (Btrg.
X, 255), nicht aber in Cy.'s Werken (Frucht a. a. O., S. 20).
Nur ein Fall scheint sicher zu sein: *ungejullodre* 60, 14.
Wegen *sôna weorpere* 28, 7 vgl. 1. Halbzeile, Typus C. In
hwilum lǣteð eſt 21, 13 ist vielleicht wieder eine Umstellung
vorzunehmen, da wir gesehen haben, wie der Schreiber wiederholt die durch das Metrum als correct erwiesene Wortfolge
geändert hat. Dann hätten wir Typus A. In *sundor ǣghwylcne*
40, 5. ist etwa *gehwylcne* einzusetzen, wodurch wir wieder
Typus A erhalten; oder ist *sundor* einsilbig zu lesen? (Btrg.
X, 480 ff. 482, Anm.). Dann wäre der Vers ebenso zu
beurtheilen wie die folgenden: *wuldorcyninges* 40, 21: *wuldor-
nyttingum* 81, 29, wo die ersten zwei Silben verkürzt werden.
Insgesammt gehören zum Typus D 20 (+ 5) Halbverse.

Typus E.

    1) Normaler Typus: ⏑ ⏓ x | ⏑
iserne wund 6, 1. Vgl. 8, 9. 10, 5. 11, 9 u. s. w., im
Ganzen 37 Fälle, davon 9 mit Auflösung der Länge im
ersten, 3 im zweiten Fuss. Auftacte finden sich hier nicht.
Kurze Nebentonsilbe könnte man in den Halbzeilen *wrǣtlice
twá* 43, 1: *eardian sceal* 85, 19 annehmen. Doch ist im ersten
Falle die Quantität der Nebentonsilbe schwankend, beim
zweiten dürfte der Ton auf die Schlusssilbe fallen.

    2) Untertypus: ′ x ⏓ | ⏑
sundorcræſt 40, 3. *hwilum eſt jareð* 63, 7.

    3) Erweiterter Typus: a) im ersten Fusse.
sundhelme ne mǣg 3, 10: im Ganzen 6 Fälle.

b) im zweiten Fusse.

Nur ein Halbvers gehört bestimmt hierher: *déaw feoll on
eorðan* 30, 12. Vier andere Fälle gehören eher zum Typus A
(mit Nebenton auf der ersten Silbe der zweisilbigen Senkung:
vgl. S. 43). Gesammtzahl für Typus E: 45 + 2.

Erste Halbzeile.

Typus A 1.

1) Normaler Typus: .́. x | ́.. x.

a) ohne Auftact.

þrymful þnnie 2, 4. 4, 2. 5. 18. 20. 24 etc. Summe
169 Halbzeilen, davon 32 mit Auflösung der ersten Hebung;
Auflösung der zweiten sowie beider Hebungen erscheint je
zweimal. Dazu kommen 15 Halbverse, die durch ein viersilbiges Compositum ausgefüllt werden.

Der Untertypus (́. x x ́. x) begegnet 177 Mal; 16 Mal ist
die erste, 12 Mal die zweite Länge, 1 Mal (28, 6) sind beide
Längen aufgelöst.

Eine weitere Abart dieses Typus ist der Vers mit dreisilbiger Senkung, die in der ersten Halbzeile sehr viel häufiger
begegnet, als in der zweiten. Es erscheinen davon hier 61 Beispiele, 3 Mal ist die erste, 1 Mal die zweite Hebung aufgelöst.

Viersilbige Mittelsenkung findet sich in 8 Fällen, die
sich wahrscheinlich auf 5 reduciren lassen, da 3 Mal Elision
denkbar ist.

Hinsichtlich der Alliteration ist für diese Abtheilung zu
bemerken, dass der einfache Stabreim viel stärker vertreten
ist als der doppelte (126 Beispiele).

b) mit Auftact.

Auftactbildungen erscheinen beim Normaltypus 6 Mal
(2 zweisilbige), beim ersten Untertypus 7 Mal (1 zweisilbiger),
beim zweiten 1 Mal. In 41, 98 *ne hafu ic in héafde* ist *hæbbe*
einzusetzen als die Form, die dem Dichter ausschliesslich zu-
kommt. Der Halbvers 85, 18 *ne wát hwær mín bróðor* gehört
wahrscheinlich zum Typus B, da der Schreiber, wie wir ge-

sehen haben, oft gerade beim Pronomen die Wortstellung
ändert. Ich möchte also hier *bróðor min* schreiben (vgl. oben
56, 14. 72, 2. 87, 6).

2) verkürzter Typus.

Hier sind wieder wie bei der zweiten Halbzeile Fälle
von Verkürzung der zweiten Hebung zu constatiren, ohne
dass der Regel gemäss in der voraufgehenden Senkung immer
eine nebentonige Silbe stände.

a) Einsilbige Senkung: *men gemunan* 18, 11. *éam and neja*
47, 6. *strong on stœpe* 88, 6.

b) Zweisilbige Senkung: *sidan swá some* 16, 2: ähnlich
24, 1. 28, 13. 14. 43, 11. 81, 17. Im Ganzen 8 Beispiele.

Typus A 2.

1) Nebenton in erster Senkung.

wœlwcealm wera 2, 8: cf. 15, 15. 16, 8. 13. 18, 10 etc.,
zusammen 24 Halbverse. [1]) In fünf Fällen finden wir Kürzung
der zweiten Hebung (ausser in 2, 8 noch 16, 8. 18, 10. 72,
23. 87, 7), was bei Cy. nicht vorkommt (Frucht S. 37);
andrerseits weisen die Räthsel hier keine Auftactbildungen
auf (ib. S. 39). Gegen Sievers (Beitr. X, 223. 487) setze
ich *wonfáh Wale* mit Kürze an (vgl. den sprachlichen Theil
und S. 54). Der Vers *brimgiesta brealtm* 4, 25 könnte auch
zum Typus E gehören, wofern man nicht am Schlusse silbe-
bildenden Nasal annehmen will (cf. 32, 5).

2) Nebenton in zweiter Senkung.

strong on stiðweg 4, 35: cf. 4, 72. 15, 13. 22, 13. 36,
14 u. a. m. Summa 13 Halbverse. Es findet sich 6 Mal
Auflösung einer Hebung (bei der vorigen Abtheilung 4 Mal).

3) Nebenton in beiden Senkungen.

Nur zwei Beispiele: *heardecg heoroscearp* 6, 8. *mœgenstrong
and mundróf* 84, 3.

In diesem Typus überwiegt die doppelte Alliteration:
in 4 Fällen einfache, in einem (44, 9) gekreuzte Alliteration.

---

[1]) Hier rechne ich auch die Verse mit zweisilbiger erster Senkung ein.

Typus A 3.

1) Einsilbige Mittelsenkung.

hwú mec bregde 3, 13. cf. 4, 55. 6, 3. 10, 9. 34, 5. 9 etc.; im Ganzen 28 Halbverse, davon einer mit Auftact, ausserdem 3 Fälle mit Auflösung einer Hebung.

2) Zweisilbige Mittelsenkung.

þonne gewite 4, 60: ähnlich 7, 6. 9. 11, 8. 13, 5. 15 etc., zusammen 45 Fälle, davon 8 mit Auftact und 5 mit Auflösung einer Hebung. Beachtenswerth ist *sio hœjde wœstum* 32, 5, wo also silbebildender Nasal anzuerkennen ist (vgl. oben 4, 25).

3) Dreisilbige Mittelsenkung.

Diese erscheint in 45 Fällen. Bsp. *hwilum ic gewite* 3, 1; vgl. 4, 1. 13. 17. 23 u. s. w. 3 Mal findet sich Auflösung einer Hebung, 6 Mal Auftact.

4) Viersilbige Mittelsenkung erscheint in 4 Fällen, die aber alle unsicher sind, da überall Elision möglich ist; einer davon (88, 9) ist unten zu besprechen.

5) Mit der fünf- und sechssilbigen Mittelsenkung steht es ähnlich. Die in Betracht kommenden drei Halbverse sind: 30, 6. 32, 17. 40, 15.

Zwei Puncte sind hier besonders zu erwähnen:

a. Auch bei diesem Typus ist Verkürzung der zweiten Hebung zu beobachten: z. B. *þæt he scyle rice* 4, 31; ähnlich 10, 1. 41, 49. 73. 64, 4. Wir haben schon gesehen, dass diese Verkürzung den Räthseln eigentümlich ist. Einige freilich nicht ganz sichere Beispiele für Cy. bei Frucht S. 43. Zweifelhaft ist auch der Halbvers *wolde hyre on þére byrig* 30, 6. Man möchte für *byrig* die Form *burge* einsetzen; vgl. aber Dan. 192a (Btrg. X, 289).

b. Nach Sievers (a. a. O. S. 283) ist 'die Anfangssilbe des Verses fast stets die naturgemässe Trägerin des Ictus'. Eine Ausnahme von dieser Regel scheinen mir solche Verse zu bilden, welche mit einer Präposition nebst davon abhängigem Pronomen beginnen. Hier hat in der prosaischen

Rede das Pronomen den stärkeren Ton, also doch wohl auch im Verse. Beispiele: *forþon ic sceal of éðle* 16, 12. *ôð þæt ic of enge* 4, 12: ausserdem 4, 16. 10, 7. 71, 8. 88, 9. Gesammtziffer der Verse im Typus A: 644 + 6.

Typus B.

1) **Grundtypus: x ′ | x ′.** a) **mit Auftact.**
þonne ic ástige strong 2, 3: vgl. 3, 14. 4, 30. 62. Summe 94 Halbverse, darunter 18 mit Auflösung einer Hebung, 10 mit zweisilbigem, 3 mit dreisilbigem Auftact. Hierher möchte ich noch zwei Verse ziehen, die mir einer Aenderung zu bedürfen scheinen: *þára þe ymb þás wiht* 40, 26; *ic eom tô þon bléað* 41, 16. Diese sind in keinem der feststehenden Typen unterzubringen; nimmt man aber wie in anderen Fällen eine Umstellung vor *(wiht ymb þás* bezw. *bléað tô þon),* so fügen sie sich dem Typus B ein.

b) **ohne Auftact.**

in gréne grœs 16, 6; ebenso 16, 18. 23, 1. 27, 1 etc., im Ganzen 33 Halbverse, 3 mit Auflösung einer Hebung. Man beachte *þæt wáfiað* 81, 36.

2) **Typus mit zweisilbiger Mittelsenkung.**

a) **mit Auftact.**

hwylc is hæleða þæs horsc 2, 1. Vgl. 3, 2. 6, 7. 13. 10, 10 etc., zusammen 27 Fälle, davon 6 mit zweisilbigem, 2 mit dreisilbigem Auftact. Auflösung einer Hebung begegnet drei Mal.

Den einzigen Fall von dreisilbiger Senkung bietet der formelhafte Vers *ic eom (ic seah, þú cwom) wunderlicu wiht* 19, 1. 21, 1. 25, 1. 26, 1. 30, 7. 84, 1.

b) **ohne Auftact.**

on siða gehwám 3, 12; ausserdem 16, 21. 21, 7. 28, 3. (mit Auflösung). 55, 9. 74, 1. 75, 1. Also 7 Fälle. Gesammtzahl im Typus B: 170 + 2.

Typus C: x ′ | ́ x.

1) **Voller Typus.** a) **mit Auftact.**

of þám agláce 4, 7; cf. 4, 61. 5, 4. 8, 2. 11, 9 u. s. w. Zusammen 86 Fälle. Der Auftact ist 13 Mal zweisilbig, in

4*

einem Verse (29, 9) dreisilbig, wenn man hier nicht wieder elidiren will. Besonders zu beachten ist *mid þý heardestan and mid þý scearpestan* 29, 2. Kluge behauptet (Btrg. IX, 436), dass hier eine Reimzeile vorliegt, da der Stabreim fehlt. Ist dies richtig, so möchte ich die Verszeile *and swingere, sóna weorpere* 28, 7 (s. o. S. 47) ebenso ansehen, wodurch dem ohnehin unsicheren erweiterten Typus D ein Beleg entzogen würde.

b) ohne Auftact.

æt frumsceafte 4, 14. Vgl. 10, 6. 16, 10. 11. 21, 31 u. s. w. Zusammen 26 Halbverse, davon 7 mit Auflösung einer Länge. Beide Längen sind in den Versen 61, 2 und 11 aufgelöst, was auch bei Cy. vorkommt.

2) Gekürzter Typus: x ′ | ͜ x.

a) mit Auftact.

þonne scearp cymeð 4, 41. Vgl. 4, 59. 65. 5, 1. 6, 1 u. a., im Ganzen 56 Belege, darunter je 2 mit zwei- und dreisilbigem Auftact. Es ist bezeichnend, dass, während beim gekürzten Typus C Auflösungen der ersten Hebung sonst consequent gemieden werden, ein Beispiel dafür im 41. Räthsel vorkommt, welches ich als eines der frühesten bezeichnet habe: *is þæs gores sunu* v. 72.

b) ohne Auftact.

on steale hleoða 3, 7: vgl. 5, 3. 11. 12. 6, 11. 14 u. s. w., im Ganzen 20 Halbverse, auch hier ohne Auflösung einer Hebung. Vielleicht gehört hierher der oben besprochene Vers 28, 7.

Gesammtzahl der Verse im Typus C: 188 + 1.

Typus D.

1) Normaltypus: ͟ | ͟ x x.

a) Nebenton auf der zweiten Silbe des zweiten Fusses.

ræced réafige 2, 6: cf. 4, 9. 26. 37. 46 u. s. w.; im Ganzen 35 Belege. Auflösung je einer Hebung begegnet 14 Mal, Auflösung beider 1 Mal (34, 6), Auftact ebenso (5, 5). Weitere 9 Halbverse bestehen aus einem einzigen

Worte, und in diesem Falle haben wir stets einfache Alliteration. Eine Ausnahme bildet der Vers 39, 3: *ferðfriðende*,
wo auch Verkürzung der zweiten Hebung denkbar ist
(Btrg. X, 500).

b) Nebenton auf der Schlusssilbe des zweiten Fusses.

héah hlóðgecrod 4, 63. Vgl. 4, 49. 9, 5. 14, 10 etc.,
insgesammt 18 Fälle, darunter drei mit Auflösung einer
Länge. Formen schwacher Verba zweiter Klasse mit Nebenton im Nebenictus begegnen 3 Mal. Dazu kommen noch
2 Halbverse, in welchen ausser der ersten Hebung auch die
Silbe mit Nebenton im 2. Fusse aufgelöst ist: *fere fóddorwelan*
33, 10: *guman gaklorcwide* 49, 7. Endlich sind noch zwei
Fälle mit zweisilbiger Senkung im zweiten Fusse zu erwähnen: *wón wisan gehwám* 12, 8. *wóh wyrda gesceapu* 40, 24.

Was die Alliteration angeht, so haben wir in diesem
Typus der Regel gemäss fast nur Doppelreim, sobald der
zweite Fuss zwei Hauptaccente enthält (cf. Btrg. X, 304);
nur fünf Mal haben wir einfache Alliteration, darunter in
dem einzigen Halbverse mit Auftact. Ueber die im Ganzen
ähnlichen Verhältnisse bei Cy. vgl. Frucht a. a. O. S. 54 ff.

2) Gesteigerter Typus: ´x | ⸍xx.

a) Nebenton auf der zweiten Silbe.

bearwas blêdhwate 2, 9; vgl. 3, 6. 10. 9, 8 u. s. w. Im
Ganzen 26 Fälle. Die Länge ist in 9 Fällen aufgelöst und
zwar hier immer die zweite. Auftact begegnet zweimal: 23, 5
und 61, 16, wohl auch 27, 8, wenn Grein's Ergänzung richtig
ist. Die Senkung des ersten Fusses ist zweimal zweisilbig
gebildet: 4, 10 (mit Elision) und 32, 18.

b) Nebenton auf der Schlusssilbe.

Hiervon finden wir im Ganzen nur 5 Fälle, das eine
Mal (18, 9) mit Auflösung der Silbe mit Nebenton. Ueberall
steht doppelte Alliteration mit Ausnahme einer anfechtbaren
Stelle.

Summe der Verse nach Typus D: 101 + 1.

Typus E.

1) **Normaler Typus:** $\underline{\ }\ \dot{x}\ x\ |\ \underline{\ }$.

gârsecges grund 3, 3: vgl. **4,** 19. 38. 52. 5, 10 etc., zusammen 37 Fälle, davon 6 mit Auflösung der ersten Hebung; die zweite erscheint 4 Mal, beide einmal (16, 3) aufgelöst. Kürzung der Nebentonsilbe begegnet 71, 13 *(earjoða dŷl)* und wohl auch 48, 2 *(wrætlicu wyrd)*, Auflösung dieser Silbe 9, 10 *(wilcumena fela)*.

Für den Nebenton auf der Schlusssilbe des ersten Fusses haben wir nur zwei Beispiele: *hals is mîn hwît* 16, 1; *ne wyrneð word lofes* 21, 11. Der zweite Vers ist zugleich das einzige sichere Beispiel von Auftact in diesem Typus. Denn *gebundenne beag* 5, 8 ist zweifelhaft, weil die zweite Halbzeile des vorhergehenden Verses verderbt ist, und die Auftactsilbe möglicherweise zu diesem Verse gehört.

Es folgen noch einige Fälle, in denen der erste Fuss durch Einschub einer Silbe erweitert ist.

a) **Schema** $'\ \backslash\ x\ x\ |\ \underline{\ }$.

holmmægne bipeaht 3, 9: *orponcum geworht* 69, 2. Mit Auflösung einer Länge: *woruldstrenga binom* 27, 2. *laqujoðme beléole* 61, 7. — *wrætlice gewejen* 41, 85. *fyrdvinces gefara* 78, 2.

b) **Schema** $\underline{\ }\ x\ \underline{\ }\ x\ |\ \underline{\ }$.

ungesibbum wearð 9, 10. *dégoljulne dóm* 80, 14.

2) **Schema** $\underline{\ }\ \dot{x}\ x\ |\ \underline{\ }\ x$ (erweiterter Typus).

Der einzige Vers, der hier in Betracht kommt, ist *mearcpaðas Wala træd* 71, 10, wofern man *Wala* für lang hält. Da ich aber, wie oben S. 49 bemerkt ist, diese Form mit Kürze ansetze, so wäre der Vers zum Typus A 2 zu stellen.

Gesammtzahl der Verse in Typus E: 47 + 2.

Typus F.

An dieser Stelle fasse ich die wenigen Schwellverse zusammen, die in den Räthseln vorkommen. Ein Halbvers der anscheinend hierher gehört, ist von Sievers (a. a. O. S. 520) gebessert und dem Typus B zugewiesen worden (41, 5 b).

I. Schwellverse vc

a) Zweite Senkung e

    and wið u

b) Dreisilbige erste S

    mé bið se

c) Zweite Senkung z·

    þonne ic si

d) Unregelmässige A

    oft ic sceal

II. Die übrigen

eorðan fðum þeaht 17,
dahin wohl auch: *cicico uc*
seltene Form zeigt: *ðr ic*
zum Typus D: vgl. Cri. 1
cicele ic efne sé þéah 66, :
Zwischen diesen Schwellver
gebaute Halbzeilen vor, d
und 66, 2b. Gesammtzah

        (

Dass der Text der i
dichte viele Fehler aufweist
für die Räthsel kommen ni
Lücken und Verstümmelun
Es sind deshalb eine gro
zeilen von der Untersuchui
    Es sind die folgenden
12. 2b. 22, 4a. 27, 15b.
2a. 23b. 25a. 56a. 84. 4ᴣ
57, 12a. 60, 9b. 11a. 13.
72, 8—14. 16. 17. 21. 2ᶥ
2—4. 81, 11b. 12. 13. 1ᶜ
5b. 85, 1—4. 13. 88, 1.
Zusammen also 50 ganze,
    Ich habe ausserdem
geschlossen, in denen Rui

immer sicher ist, welches Wort für die Rune zu substituiren ist. Hierhin gehören: 20, 1. 2. 5a. 6a. 7b. 8a. 25, 7b. 8. 9a. 65, 1a. 2a. 3b. 4b. 5. 6a. 74, 2. Also 5 ganze, 7a- und 4b-Halbzeilen. Wo die Worte ausgeschrieben sind, wie z. B. in No. 43, sind die Verse natürlich benutzt worden.

Fassen wir nun zusammen, was sich bei den metrischen Untersuchungen an Abweichungen der Räthsel von Cynewulf's Gebrauch herausgestellt hat:

a) Auffallend ist das Auftreten betonter Kürzen im zweiten Fusse des Typus A, ohne dass ein Wort mit Nebenton vorhergeht. Indessen hat Sievers (a. a. O. 453) gezeigt, dass derartige Halbverse in vielen Gedichten sich finden (ein Beispiel auch im An. 788a), daher nicht grade als Besonderheit der Räthsel gelten können.

b) Im Typus C begegnet hier niemals Auflösung der zweiten oder beider Hebungen, wohl aber bei Cynewulf.

c) Beim Typus D erscheint als Abweichung von Cynewulf's Art der erweiterte Typus $\perp$ x | $\perp$ x x auch in der zweiten Halbzeile. Doch sind dafür die Beispiele so spärlich und zum grossen Theil so zweifelhafter Art, dass auf diesen Punct kein Gewicht gelegt werden kann. Wir werden also im Ganzen genommen sagen dürfen, dass auch aus der metrischen Beschaffenheit der Räthsel ein stichhaltiger Grund gegen Cy.'s Verfasserschaft nicht herzuleiten ist. Denn die eben erwähnten geringen Unterschiede sind derart, dass sie sich leicht erklären lassen, wenn wir uns der Voraussetzung erinnern, dass die Räthsel das Werk eines jugendlichen Dichters sind, der die Versform noch nicht mit voller Gewandtheit beherrschte.

Das Exeterbuch, wie es uns vorliegt, ist bekanntlich im Süden Englands entstanden; andrerseits wissen wir durch die Untersuchungen von Sievers, dass die Originale der darin enthaltenen Gedichte zumeist im Norden ihre Heimath haben.

Dies schliessen wir für die Räthsel nicht sowohl aus den
Reimen — denn ob wir in ihnen einen beweisenden Reim
haben, steht dahin (Beitr. IX, 236 Anm.) — als aus den
stehen gebliebenen northumbrischen Formen *ehtuwe* 37, 4 und
eðða 44, 17. Zur weiteren Bestätigung dieser Ansicht dient
die Betrachtung der Sprachformen unseres Denkmals, wie sie
sich auf Grundlage der Metrik feststellen lassen. Die meisten
und wichtigsten Belege hat bereits Sievers zusammengestellt.
In der Anordnung der Resultate folge ich Frucht, dessen
Zählung ich annehme.

1. Ueber die Quantität des Vocals in der Endung *-lic*
ist man noch im Unklaren. Sievers (Btrg. X, 504) führt
aus den Räthseln als Beleg für die Länge die Halbzeilen
wundorlice 30, 1: *meahtelicor* 41, 62 an (ähnlich *missenlicum*
32, 1. *wundorlicran* 32, 5). Doch sind diese Stellen nicht beweisend, da im Typus A ja die zweite Hebung mitunter verkürzt wird. Kürze des Vocals ist wahrscheinlich in den Halb-
versen: Typus A: *fréolic fyrdsceorp* 15, 13a. *hyhtlic gewæde*
36, 12. — Typus B: *þæt is wrætlic þing* 40, 24. *þæt mec
bealdlice mæg* 41, 16. — Typus C: *swá árlice* 10, 6a. *ic mæg
fromlicor* 41, 66a. — Typus D: *wrætlic weorc smiða* 27, 14a.
meldan mislice 29, 12a. Freilich ist in diesen letzten Versen
Länge ebenso gut denkbar wie in denen nach Typus E:
wrætlicu wyrd 48, 2a. *wrætlice twá* 43, 1.

3. Die Syncope kurzer Mittelvocale nach langer Wurzel-
silbe ist in weitem Umfange nöthig. Die Hds. ist in dieser
Beziehung sehr inconsequent. Beweisend sind Fälle wie *golde
and sylf(o)re* 15, 2 (vgl. *seolfre* 21, 10a); *gif þu mæge rés(e)lan*
40, 28a; *wræste gewundne* 41, 99a (*wundne* 36, 6a); *gifrost
and grædgost* 81, 24a. Liesse man hier die Mittelvocale stehen,
so bekäme man metrisch unmögliche oder doch ungewöhnliche
Formen. In anderen Fällen ist beiderlei wenigstens metrisch
gleichberechtigt. Wir finden *ængum* 71, 15 neben *æniges* 60,
14a; *eagna* 60, 9a neben *eagena* 40, 11a; *heaðre* 66, 3a und
heaðore 21, 13a; *heasewe* 41, 61 und *haswe* 2, 7; *nearowe*
54, 13a und *nearwe* 11, 1a. — Syncope nach kurzer Wurzel-

silbe ist nöthig in *þám þe ðr forðrym(e)ne* 14, 10a und
ebenso in *wilcum(e)na felu* 9, 11a.

Dass die Gemination auch in den Räthseln noch erhalten
ist, lehren folgende Stellen: *(ge)bundenne* 5, 8a. *tó gesecgaune*
37, 13a. 40, 25; *ic eom fágerre* 41, 46a; *þe þá rædellan* 43,
13a; *se æfterra* 54, 12a. Gemination ist oft des Metrums
wegen im Auslaut vor vocalischem Anlaut erforderlich, wo
die Hds. fast immer einfache Consonanz zeigt: z. B. *upp*
áþringe 4, 12. *wonn áríseð* 4, 20. *feorr áswápe* 24, 5. *nytt æt-*
gædre 56, 11a. Bei dem Halbverse *sweart on óðre* 22, 10 ist
wohl die ältere Form *óðerre* einzusetzen, wodurch wir wieder
einen Fall des erweiterten Typus D im zweiten Halbverse
erhalten.

6. Bei dem Worte *feorh* fehlt es für die Kürze an
sicheren Belegen. Länge ist bezeugt durch den Halbvers
féore síne 24, 14 (cf. Btrg. X, 488), gewiss auch in den
Versen nach Typus C: *on bonan (wigan) féore* 21. 18. 88,
16a, weil hier die erste Hebung aufgelöst ist. Dagegen ist
Kürze möglich in *feore bijohtau* 4, 32a, ebenso 27, 1. 41,
65. — Bezüglich des Wortes *Wealh*, pl. *Wéalas* habe ich
oben (S. 49. 54) gegen Sievers Widerspruch erhoben. Dieses
Wort fügt sich nicht der Regel, dass nach Ausfall von post-
consonantischem *h* der Vocal lang wird. Vgl. die Zeilen
wonfeax Wale 13, 8a; *wonfáh Wale* 53, 6a, wo die Composita
im ersten Fusse entschieden auf kurzen Vocal deuten. Bei
dem Verse *swearte Wéalas* 13, 5a, den Sievers anführt, könnte
man schwanken; allein kurzer Vocal ist wiederum wahrscheinlich
in dem vorher erwähnten *mearcpaðas Wala træd* 71, 10a, da
bei Annahme der Länge der sonst in den Räthseln unerhörte
erweiterte Typus E herauskäme. Für Kürze spricht auch
der Vers *and Wala rices* Wids. 78, ferner der heutige Laut-
stand des Wortes: ne. *Wales*, nicht **Weales*. — Ueber
swiora, þýrel und Aehnl. vgl. Sievers a. a. O.

8. *snottor* erscheint zweimal: *módes snottre* 83, 2. *nu*
snottre menn 89, 7a. Dagegen ist *snotor* einzusetzen in *mon*
móde snotor 81, 29a (Btrg. X, 508).

9. Dass in dem Halb\
endungslose Dativ falsch
30, 9 ist aber *tó hám bedrí*
wendig ist die kürzere For\
(l. *tieð*) 35, 4: *hý gesunde*
haben wir 3 mal *hám*, einm\

11. Eine g-Form von *hei*
16. Abstracta auf u: *ylͺ*
einsilbige Form möglich ist.

17. In dem Verse *micel* \
Silbe eine zweisilbige Form z\

18. Das einzige Beispiel \
in die I-Declination übergetr\
Halbzeile *him torhte in gemynd*

20. Der Acc. Sing. der la\
clination ist auch in den Rätl
sind *on áne tíd* 73, 2; *on þa gri*

21. Abweichend von Cy.'s
cirene überliefert; doch ist dies
metrisch durchaus nicht unmög
gebŕauchte Form *cioén* steht 78, \

24. Der Acc. Plur. von *honͺ*
sicher zweisilbig: *and honda tirá* 8

25. Von *fréa* sind ein- und zwei\
Beispiele für letztere: *hrilum mec* \
4, 66: *þonne mec min fréa* 7, 5a.
fréan hýre 21, 24: vgl. 62, 3. 6\
müssten die Verse dem Typus A
werden.

27. Endungsloser Nom. Plur. vo\
mec siððan 28, 5. *þær hæleð druncon*

31. Dass von *fréond* und *fŕond*
im Gebrauch sind, beweisen die Halbv\
21, 16a; *fŕond his fŕonde* 51, 4a.
dass für den Dativ von *fót* zwei For\

gesichert sind: *hwaðre hyre is on fóte* 32, 17 a und *sceal on ánum fét* 33, 6. Als Plural erscheint ausschliesslich *fét: and twégen fét* 83, 4 a: cf. 32, 7. 37, 3.

35. Die contrahirte Form von *héah* ist erforderlich in *se þisne héan heofon* 41, 22 a. Sonst gilt die uncontrahirte: *héahun meahtum* 2, 10: vgl. 4, 24 a. 8, 4. 23, 7. 19 a. Als Superlativ ist *hýhst* gesichert: *and þæt hýhste mægen* 81, 12 a.

38. Die Zweisilbigkeit des Zahlworts 'zwei' ist festgestellt durch die Verse: *Ácas twégen* 43, 10: *hearde twégen* 53, 2. Flectirte Formen anderer Zahlwörter: *hæfde jeow(e)re* 37, 3. *ealra wáron fífe* 47, 6.

41. *nówiht* ist einmal überliefert: *ic þæs nowiht wát* 12, 5, während bei Cy. zufällig einmal *nóht* steht. Allein in den Räthseln wie sonst bei Cy. steht *ówiht* fest: *ówiht lifgan* 42, 6. Vgl. El. 571. Cri. 248. 343.

43. Dass die Räthsel ins anglische Gebiet gehören, ist schon erwähnt und wird durch die sehr zahlreichen Beispiele von nicht syncopirten Präsensformen bestätigt. Die Ueberlieferung zeigt fast immer die richtige Form [1]).

a) Kurzsilbige Verba: *þær me heard siteð* 4, 5. vgl. *byred* 4, 29. 58, 1. *cymeð* 4, 41. 41, 55. *jareð* 4, 48. *triedeð* 13, 6. 81, 24. *bereð* 15, 1. *þigeð* 32, 14. *iteð* 59, 10. 76, 8. *scireð* 66, 3. *wigeð* 70, 6 u. a. m.

b) Langsilbige Verba: *hlimmeð, grimmeð* 3, 5. *sendeð* 4, 2. *winneð* 4, 19. *féreð* 4, 22. *crýdeð* 4, 28. *háteð* 7, 5. *wæteð* 13, 10. *genéæteð* 28, 10. *bindeð* 39, 7. *héreð* 51, 5. *cysseð* 64, 4. *bescineð* 72, 17. *fealleð* 88, 20 u. s. w.

44. Flectirte und unflectirte Infinitivformen finden sich: *tó gesecganne* 37, 13 a. 40, 25. Dagegen *mirel is tó hycgan(ne)* 29, 12: cf. 32, 23. 85, 21.

47. Auflösung contrahirter Formen starker Verba ist in folgenden Fällen nöthig (vgl. Btrg. X, 475 ff.): *folm mec mæg*

---

[1]) Ueber *hætst* 4, 5 a vgl. den 2. Excurs. *ábǽd* 56, 12, das Grein im Sprachschatz durch *ábǽdeð* erklärt, fasse ich als dialectische Nebenform des Præs. *ábéad*.

bijôn 41, 52a. *fêŋre onþéon* 64, 2a. *oft ic wiŋ séo* 6, 3: ausserdem 35, 4. 51, 5a. 63, 6. — Bei schwachen Verben: *weŋeð ond þýð* 13, 8; *weŋrð mec ond þýð* 22, 5: *se mec on þýð* 63, 5a.

51. Contrahirtes Part. Præs. von *biian* wird bezeugt durch *néahbú(e)ndum nytt* 26, 2a; doch vgl. *eorðbüendum* 30, 8. *foldbüendra* 2, 13a. Bei Cy. finden sich, wie es scheint, nur uncontrahirte Formen.

52. Die Part. Præs. der schwachen Verba erster Klasse mit d und t im Stammauslaut haben auch in den Räthseln die vollen Endungen (cf. 43). Belege: *sended* 2, 11. *læded* 29, 6. *ámæsted* 41, 105. *átyhted* 51, 3a. *wylted and wended* 60, 19 a.

56. Nur *brunŋen* ist in den Räthseln belegt: vgl. 22, 7a. 28, 2a.

58. Erhaltung des w in *gierwan* wird erwiesen durch die Halbverse *cyninŋ mec gyrweð* 21, 9. *wundrum gegierwed* 37, 2 (cf. 68, 2); ferner *gierede mec mid golde* 27, 13a. Uebertritt in die zweite Klasse erfolgt nicht abweichend von Cy.'s Gebrauch.

63. Das Verbum *habban* flectirt im Præs. Sing.: *hæbbe hafast hafað* wie bei Cynewulf. Allerdings ist 36, 5 und 41, 98a *hafu* handschriftlich überliefert und metrisch möglich, doch ist hier ohne Bedenken *hæbbe* zu setzen, welches überdies 22, 8. 78, 6a. 79, 2a belegt ist. *hafað* steht 21, 13. 32, 21a. 35, 2 etc., im Ganzen 8 Mal, während *hæfð* nie vorkommt.

66. Für die Räthsel wird der Gebrauch von *folgian* erwiesen durch die gleichlautenden Halbverse *þem folgode* 38, 2. 84, 2. Vgl. *swaðe folgodon* An. 673: *him folgiað* Ph. 591. Sonst braucht Cy. die Formen *fylgean fylŋde*.

67. Die zweisilbige Form *sindon* ist 56, 10. 66, 6a überliefert, doch wäre auch die Form *sind* metrisch zulässig.

68. Vom Conjunctiv des Verbum substantivum haben wir wie überall, so auch hier Doppelformen; einmal *hwæt séo wiht sie* 29, 13. 32, 24. 33, 14. 40, 1. 42, 8, dagegen: *hwæt þis gerâde sý* 36, 14. 41, 24. 60. 78, 5.

69. Was das Verbum *béon* angeht, so kommen davon überall einsilbige Formen vor, Zweisilbigkeit fordert das Metrum nur einmal: *þær ιcit tu béoð* 645. Sehr häufig ist auch die Form *eom* und zwar speciell im Auftact; daher ist sie auch wohl 24, 7 für *ιc béo* einzusetzen.

70. Wenn Frucht sagt, dass von *willan* bei Cy. nur Formen mit doppeltem *l* vorkommen, so ist dies falsch. Beweisend sind die Halbverse: *and he lirun wile* Jul. 378, *þim he eahtan wile* Gu. 317, *þæs him meorde wile* Ph. 472, die durch Einsetzung der anderen Form dem Typus A mit Auftact zufallen würden. In den Räthseln kommen beide Formen vor: z. B. *þonne min hliford wile* 87, 9 und *nemnan ne wille* 50, 9 a.

71. Eine zweisilbige Form von *dón* ist 42, 7 erforderlich: *þæs þu bearn dóð*. Die Existenz der einsilbigen Form wird durch die Halbzeile *and tô dugðum dóð* 50, 10 a erwiesen.

72. Vom Verbum *gán* ist allein die Form *gæð* einmal überliefert und metrisch sicher: *se her on flôde gæð* 41, 77 a. Aber das Verbum *gangan* ist in demselben Räthsel v. 10 belegt *(slæp ofergangeð)* und ebenso an mehreren anderen Stellen (22, 9 a. 32, 8. 35, 3. 55, 1. 83, 1) durch's Metrum gefordert. In *se þe águn sceal* 44, 9 a kann *águn* unmöglich richtig sein. Da die zweite Vershälfte und somit der Hauptstab fehlt, bleibt es unentschieden, ob *ágangan* oder *ágan* zu schreiben ist.

73. Das Präfix *un-* ist in der Mehrzahl der Fälle betont. Wir finden: *unrim* 7, 3 a. 44, 9. *unrédes* 12, 10 a. 28, 12 a. *ungód* 21, 35 a. *unbunden* 24, 15 a. *undearnunga* 43, 2 a. *undyrne* 43, 15. *unwita* 50, 11 a. *unlæt* 54, 11.[1]) *unsceaft* 85, 24 a. *unlytel* ist das eine Mal auf der Stammsilbe betont: *oððe unlytel léades clympre* 41, 75; das andere Mal ist die Betonung zweifelhaft: *mægen unlytel* (Typus A oder D) 80, 12. *unsodene* 76, 8 hat jedenfalls unbetontes Präfix; der Vers alliterirt auf s.

---

[1]) Ebenso Gu. 1007 trotz Grein's Angabe im Spruchschatz: es liegt Typus A 3 vor.

Es bleibt noch übrig, die Puncte zusammenzustellen, in denen die Sprache der Räthsel von der Cy.'s abweicht.

a. Wir finden einmal *cicene* statt des bei Cy. gebräuchlichen *cicén*, das übrigens den Räthseln nicht fremd ist (No. 21).

b. Dass *nówiht* nicht bei Cy. belegt ist, scheint mir nichts zu beweisen, da wir doch *ówiht* bei ihm finden (No. 41).

c. Contrahirte Formen des Part. Præs. von *búan* kommen bei Cy. nicht vor; in den Räthseln steht aber auch nur ein Beispiel gegen zwei uncontrahirte (51).

d. In den Räthseln gibt es kein Beispiel des Uebertritts von *gierwan* und ähnlichen Verben in die zweite schwache Klasse (58).

e. Bei Cy. wird meist das Verbum *fylgean*, in den Räthseln aber *folgian* gebraucht (66).

Man sieht, die gefundenen Unterschiede sind äusserst gering; der zweite Punct kann m. E. überhaupt nicht in Betracht kommen. Wahrscheinlich würden noch andere Puncte wegfallen, wenn uns die Räthsel lückenlos vorlägen. Jedenfalls streiten die sprachlichen Verhältnisse durchaus nicht gegen Cy.'s Verfasserschaft.

Zum Schlusse möchte ich das Resultat der ganzen Untersuchung kurz zusammenfassen. Nach meiner Ansicht ist es zwar nicht unbedingt sicher, aber doch in hohem Grade wahrscheinlich, dass die Räthsel in ihrem vollen Umfange den Dichter Cynewulf zum Verfasser haben. Das stilistische Moment führt uns freilich nicht direct zu diesem Ergebniss, auch nicht die Betrachtung des Wortschatzes, wohl aber die Gemeinsamkeit einer grossen Menge von characteristischen Ausdrücken und Anschauungen, die Behandlung der Quellen und vor Allem die Aehnlichkeit in Verskunst und Sprache. Eine nothwendige Voraussetzung ist dabei, dass die Räthsel ein Jugendwerk des Dichters sind, was ich S. 9. 16. 56. zu begründen versucht habe.

Excurs I.

Das erste 'Räthsel'.

Das erste Stück unserer Räthselsammlung gehört zu den
meistbesprochenen in der ae. Literatur. Bis in die neueste
Zeit hinein hat es immer wieder die Commentatoren beschäftigt, und doch kann man nicht behaupten, dass alle
schwierigen Puncte befriedigend erklärt seien. Einen Irrthum
haben seit Leo fast Alle begangen, indem sie annahmen, dass
das erste Räthsel, weil es eben an erster Stelle steht, eine
Anspielung auf den Namen des Dichters enthalten müsse.
Woher wissen wir denn aber, dass das jetzige erste Räthsel
auch wirklich ursprünglich an der Spitze der Sammlung ge-
standen hat? Grade neuerdings sind Hicketier (Anglia XI,
570) und Bradley (Academy, No. 829 [24. 3. 88], S. 197)
unabhängig von einander darauf gekommen, dass der Anfang
des Stückes fehlen muss. Könnte dann nicht noch mehr
fehlen als bloss der Anfang? Doch darüber ist kaum zu
urtheilen, ehe wir nicht für das Exeterbuch eine Untersuchung
haben, wie sie Stoddard für den Cod. Jun. XI angestellt hat.

Allein nicht so sehr gegen diese Voraussetzung möchte
ich mich wenden, als gegen die bis jetzt geltende Lösung
überhaupt. Dass man sich schon in so früher Zeit an Cha-
raden versucht hat, dafür fehlt es sowohl in der ae. wie auch
in den anderen germanischen Literaturen an Belegen. Dann
ist überhaupt die Lösung viel zu künstlich und complicirt,
als dass man sie einem für ein naives Publicum schaffenden
Dichter zutrauen könnte. Man hat darauf hingewiesen, dass
Cy. es liebt, mit den Worten und Begriffen zu spielen; das
heisst aber nur, dass er sie wiederholt, nicht dass er sie
so verändert, wie es im vorliegenden Falle angeblich ge-

schieht *(cynu, cîne, rrne, cén)*. Wer
von Cy. herrührt und er darin seinen
so möchte mancher denken, er wü
anderer Fälle wieder Runen verwe
wunderlicher Weise seinen Namen z
   Aus dem künstlichen Gebäude,
möchte ich versuchen eine Stütze :
klar: lässt sich auch nur eine der B
'Räthsel' angedichtet hat, als irrig
ganze Lösung unhaltbar geworden.
gegen die Auslegung des 4. Theils (
scheint es, wie Trautmann, als eit
dass aus *wuda* (v. 17) das Wort cé
Hicketier (a. a. O. S. 581) hat sich
dass er das folgende Wort *pret* in ,
man leicht zerspaltet', kann ja nat
indem H. so die zweite Hälfte \
trennte, hat er nicht beachtet, (
deutlich als Gegensätze einander
nicht getrennt werden dürfen. Als(
these oder gehört zum folgenden V
   Wir kommen jetzt zu H.'s
gehenden Zeilen 16 und 17. Es
ein zu grosser Abfall, wenn am
eingeführt würde; es soll also die
welche spricht. Aber woraus ka
entnehmen? Wer spricht denn in c
Natürlicher ist doch die Auffass:
einer Person in den Mund gelegt
zurückkommen werde. Wenn es
ist, welche redet, dann kann auct
sein, wie H. meint; und gar et
Einfall, dass die Mutter den Va·
bellen höre, und über die Bezieh
Dichtung Cy.'s brauche ich wohl l
man den Thieren menschliche Re

kannt genug; das Umgekehrte ist aber bis jezt noch nicht
anders als in komischer Absicht geschehen.

Ferner verstehe ich nicht, wie H. über eine andere
Schwierigkeit hinwegkommen will. Es geht doch nicht an
uncerne earne hwelp (worunter die bisherigen Erklärer das *e*
verstehen, welches beide Theile des Namens, *cén* und *wulj*,
verbindet!) als das 'Junge' dieser beiden Namenstheile zu bezeichnen. So könnte höchstens etwa eine patronymische Ab-
leitung des Namens genannt werden, und auch das wäre noch
sehr wunderlich und gezwungen. Ferner: *bireð geador* kann
nicht ἀπὸ κοινοῦ zu *uncer giedd* und *uncerne hwelp* stehen,
wenn man nach *hwelp* ein Fragezeichen setzt, wie es H. und
Rieger (bei Zacher I, 219) thun. Zum mindesten müsste
man dann ein Pronomen wie *þe* oder *þone* vor *bireð* erwarten.
Wenn aber nur *uncer giedd* Object zu *bireð* sein kann, was
bedeutet dann die ganze Stelle? Nach Rieger (S. 218): 'er
(der Hund Eadwacer) trägt den Wolf zum Holze, unser
Räthselwort zusammen'. Allein wie steht es hier mit 'der
nothwendigen Congruenz von Bild und Sache'? Rieger vermuthet, der Wolf werde in den Wald geschleppt, um dort als
Opfer an dem Baume *(wudu-cén)* aufgehängt zu werden. Wem
und warum geopfert wird, sagt er nicht; auch ist zu bemerken,
dass *cén* nicht 'die Fichte', sondern 'Kienholz, Fackel' bedeutet, wie die 6. Strophe des Runenliedes lehrt, und hierzu
passt wieder das Aufhängen des Wolfes nicht. Wenn ferner
Rieger die Parenthese (v. 18) als eine scherzhafte Wendung
auffasst, so kann ich ihm auch hier nicht beistimmen. Die
beiden Worte sind doch grade nach seiner Ansicht in dem
Namen Cynewulf vorhanden; man kann also doch auch im
Scherze nicht gut von ihnen sagen, dass sie nie vereinigt
waren. Dass *giedd* [1]) nicht 'Räthselwort', überhaupt nicht
'Wort', sondern 'Lied, Spruch, feierliche Rede' bedeutet, sei
noch nebenbei erwühnt.

---

[1]) Dies Wort ist überhaupt hier verdächtig. Könnte es vielleicht
aus einem nicht verstandenen Ausdruck entstellt sein? Ich vermuthe
gæd (fellowship, union nach B. T.), das nur noch Sal. 449 belegt ist.

Kurz, die Schwierigkeiten 1
blicken. Das Wort *cên* passt hi
liches Wort findet sich nicht meh
dieses Theils und damit die des ga1
meine nun, dass Bradley mit der n
aufstellt, das Richtige getroffen
zeugender Weise dar, dass wir e1
sondern mit einem dramatischen
einem Seitenstück zur 'Klage de
auch hier eine Frau, welche spricl
ihr Gatte, der sie geraubt hat und
hält, ist Eadwacer. Hiernach wird
der letzte Theil, wie mir scheint,
schleppt das Kind des Eadwace1
Geisel in den Wald, um dadurch
gabe der von ihm geliebten Frau z1
es zum Schluss: 'Das trennt man
gefügt war, unsere Gemeinschaft
Band der Ehe. Nach dieser Auff:
folgender Weise anzuordnen: nach
nach *rcuda* Semikolon oder Punct
Object zu *bireð*. V. 18 ist nicht
Hauptsatz und die letzte Zeile Ap1
   Ich möchte noch einige Mo1
Hypothese zu stützen geeignet sind
fallen, dass hier bestimmte Perso
werden; dies weicht ganz von der :
nur manchmal am Schlusse eine
Allgemeinen sich findet. Metrisch
Ordnung. So z. B. ist v. 13a zu
doch ist dem Sinne nach eine Erg:
sonders zu beachten ist die Allite
reimt bei Cy. ein *hıc* auf *ır*, sonde
Cri. 958, den Heyne (zu Beow. 229
da hier einfache Alliteration vorlie
nicht den Hauptstab bildet. Nach

also wohl zugeben müssen, dass es gewagt ist, dies Stück
Cynewulf zuzuschreiben.

Excurs II.

Bemerkungen zu einzelnen Stellen.

4, 3 ist zu kurz: 1. *bearm on brádan.*
5, 4 *hætst*, richtiger mit Längezeichen zu versehen. Ich
möchte das Wort auf eine got. Form *haitizón* zurückführen
mit der Bedeutung 'erhitzen, bedrängen': insofern passt es
auch gut zu dem vorausgehenden *prájuð* als Variation. *hætst*
stände dann für *hǽtseð*, dies für *hǽtsuð*; der Uebertritt aus
der zweiten Klasse in die erste ist ja bei schwachen Verben
nicht selten.

12, 3b. 4a. Grein hat hier nachträglich (Germ. X, 428)
die Interpunction richtig gestellt; das Komma kann nur nach
4a stehen. Aber die Construction von *hrettan* mit doppeltem
Accusativ ist unmöglich. Ich lese also entweder *on unrǽdsiðas*
oder *unrǽdgesiðas* als Apposition zu *dole*.

16, 15a. *hine beráð bréost* ist kein richtiger Vers. Natürlich sind auch hier die beiden letzten Worte umzustellen.

32, 4a. *wiht wæs nô* ist zu kurz; die Ergänzung *nôwer* ergibt sich leicht. Der Schreiber hat die drei fehlenden Buchstaben übersprungen, da gleich darauf das ähnlich aussehende
werum folgt.

32, 6a. ist gleichfalls zu kurz. L. *niðerweard onhwyrfed*
oder *gongende* (cf. 35, 3).

34, 5. Die Hds. liest statt *his hío*; ferner ist *hetegrim*
zu setzen, wie Grein schon An. 1397 gebessert hatte. *hilde*
tô sǽne ist mir nicht wahrscheinlich. Dies widerspricht ja
dem *hetegrim* und *biter beadowcorca.* Ich vermuthe also *tôsǽge*
(zugeneigt), das ich sonst freilich nicht belegen kann. *onsǽge*
kommt mehrfach vor; übrigens ist die Aenderung nicht stark.

36, 11 ist *sć þćah* als überflüssig und den Vers überfüllend zu streichen (ebenso wie z. B. Höll. 129).

41, 94. *sweartan sýne:* besser wohl *sweart ansýne* wie *færger onsýne* Run. 11. Dass in der Vorlage der Hds. *an*, nicht *on* stand, scheinen mir die Formen *anstelle* 4, 59 und *in an linan* 43, 10 zu beweisen.

46, 1b ist wieder zu kurz; dass *weax* für *wáces* stehen soll, wie Dietrich will, ist mir unwahrscheinlich. Ich vermuthe *weaxan*, das dann durch die gleichbedeutenden Verba *þindan* und *þunian* variirt wird. Als Lösung schlage ich 'Brotteig' vor; dies ist das Ding, das im Winkel anschwillt, das knochenlos heisst und von der Magd mit einem Tuche bedeckt wird, um es vor vorzeitigem Erkalten zu bewahren.

No. 51 scheint mir Dietrich nicht richtig gelöst zu haben. Er glaubt, der Hund sei die Lösung und vergleicht damit Aldhelm I, 12 *de molosso*. Die einzige Aehnlichkeit zwischen den beiden Räthseln ist: *ut truculentos persequar hostes* und *þonc on téon wiȝeð féond his fćonde*, und diese kann zufällig sein. Wie passt aber auf den Hund *of dumbum twám torht átyhted?* Ich schlage eine andere Lösung vor: das Feuer. Die zwei Stummen, die den Gegenstand des Räthsels erzeugen (man beachte das Wort *torht!*), sind die zwei Steine oder Hölzer, die an einander gerieben werden. Vgl. A. Kuhn, die Herabkunft des Feuers, S. 36 ff. Kemble, Saxons in England I, 358. — Die Verse

þrowað him geþwćre, gif him þegniað
mæȝeð and mćcgas mid gemete ryhte   und:
lćanað grimme
þe hine wlonene weordan lćteð

gewähren eine merkwürdige Parallele zu einer bekannten Stelle in Schiller's Glocke.

61, 12. 13. Die Wiederholung von *ord* in zwei auf einander folgenden Versen ist sehr ungeschickt. Vielleicht ist in v. 13 *ecg* zu schreiben, indem man annimmt, dass der Schreiber in den Vers vorher abgeirrt ist. Ein ähnlicher

Fall ist *bordes un ende* 85, 15. 16, wo ich keine Besserung vorzuschlagen weiss.

71, 4. Die Lücke ergänze ich so: *fedde mec ful fægre und feower teah.* Es sind grade 11 Buchstaben, für die nach Schipper's Angabe hier Raum ist. Aehnlich lauten *fedes hine fægre* 51, 8. *feddan fægre* 54, 4.

72, 26 hat keine Alliteration. Nach *cunne* ist offenbar eine Lücke, es sind hier mindestens zwei Halbzeilen ausgefallen.

81, 1. *in wiht is wundrum wenned.* Hier ist wieder die erste Halbzeile zu kurz, es fehlt wohl ein Adjectiv, das auf *wiht* reimt. Es wäre etwa zu schreiben: *in wrætlicu wiht,* oder gehört *is* an den Anfang des Satzes wie in dem gleichlautenden Eingangsvers 32 und 33?

Nachtrag.

In einem jüngst erschienenen Aufsatz über Cynewulf (Anglia XIII, 1 ff.) hat Sievers auf Grund grammatischer Erwägungen die Ansicht geäussert, dass nichts uns hindere, die Räthsel des Exeterbuchs vor Cynewulf zu verlegen. Ich habe mich nun allerdings von der Stichhaltigkeit seiner Gründe nicht überzeugen können.

Wenn es nämlich feststeht, dass die Hauptwerke Cy.'s nach 750 zu setzen sind, so bereitet die Datirung der Räthsel, wofern man sie, wie oben wiederholt betont wurde, als ein Jugendwerk des Dichters ansieht, nur geringe Schwierigkeit. Ich denke, sie werden etwa im zweiten Viertel des achten Jahrhunderts entstanden sein, also grade in der Zeit, in welcher die von Sievers geschilderten Lautübergänge sich vollzogen. Daher zeigt das Leidener Räthsel drei e-Formen neben 8 i-Formen; daher treten einem b im Silbenauslaut 4 Fälle von f in gleicher Stellung gegenüber. Auch die beiden anderen Momente, die Sievers a. a. O. S. 16 ff. geltend macht, scheinen mir keinen zwingenden Beweis für frühere Datirung der Räthsel zu liefern. Es kann sich in diesen ganz vereinzelten Fällen, wofern nicht lediglich Schreibfehler vorliegen, um ältere Schreibung handeln, die sich durch Tradition noch gelegentlich erhalten hat. Uebrigens ist noch zu beachten, dass grade für Northumbrien ein sehr spärliches Urkundenmaterial uns zu Gebote steht, so dass wir kaum im Stande sind genau festzustellen, innerhalb welcher Zeitgrenzen die erwähnten Lautübergänge erfolgt sind.

Gegen Leo's Deutung des ersten Räthsels hat sich nun auch Sievers mit guten Gründen ausgesprochen. Leider hat er die Bradley'sche Hypothese mit Stillschweigen übergangen, die es uns ermöglicht, auch nach Ausscheidung des so viele Schwierigkeiten bereitenden ersten Stückes die übrigen Räthsel Cynewulf zuzutheilen.

Druck von A. Hopfer in Burg.